环保部门执法必备工具　环境实务习练入门教材

环境行政执法精要

河北马倍战律师事务所　编著

中国环境出版社·北京

图书在版编目（CIP）数据

环境行政执法精要/河北马倍战律师事务所编著.
—北京：中国环境出版社，2015.10
ISBN 978-7-5111-2581-1

Ⅰ. ①环… Ⅱ. ①河… Ⅲ. ①环境保护—行政执法—中国 Ⅳ. ①D922.68

中国版本图书馆 CIP 数据核字（2015）第 241350 号

出 版 人　王新程
责任编辑　张维平
封面设计　宋　瑞

出版发行　中国环境出版社
（100062　北京市东城区广渠门内大街 16 号）
网　　址：http://www.cesp.com.cn
电子邮箱：bjgl@cesp.com.cn
联系电话：010-67112765（编辑管理部）
010-67112738（管理图书编辑部）
发行热线：010-67125803，010-67113405（传真）

印　　刷　北京市联华印刷厂
经　　销　各地新华书店
版　　次　2015 年 11 月第 1 版
印　　次　2015 年 11 月第 1 次印刷
开　　本　787×1092　1/16
印　　张　17.50
字　　数　252 千字
定　　价　75.00 元

《环境行政执法精要》编委会

主编：马倍战　邸占欣

编委：合肥市高新区环境保护分局

定州市环境保护局

辛集市环境保护局

枣强县环境保护局

灵寿县环境保护局

正定县环境保护局

石家庄循环化工园区安全和环境保护局

巴林右旗环境保护局

万宝春　河北省环境科学院

杨朝霞　北京林业大学

罗　吉　武汉大学环境法研究所

郝　举　中国地质大学（北京）

李俊然　河北经贸大学

赵东辉　无极县环境保护局

冯军霞　赵县环境保护局

邱贵祥　泊头市环境保护局

安俊荣　巴林右旗环境保护局

曲孟申　邢台市环境监测站

赵欣华　兴城市环境保护局

赵丽霞　法岸环境研究院

刘晓霞　马倍战律师事务所

连艳国　宣道环境信息公开平台

序

一本培训环境执法人员的好书

近30年以来，我国在取得巨大经济成就的同时，面临着严峻的生态环境问题。由于实行“高投入、高消耗、高排放、低效率”的传统工业化模式，单位GDP能耗比发达国家平均高几倍，产生的污染是他们的几十倍。“有水皆污”、“逢雨必酸”、“雾霾成为常态”等发达国家上百年工业化进程中分阶段出现的环境问题，在我国集中出现，广大人民群众对此反映强烈。面对严峻的环境形势，党的十八大报告明确提出了大力推进生态文明建设的总体要求，将生态文明建设纳入中国特色社会主义事业五位一体总体布局，提出了建设美丽中国的目标。党的十八届三中全会是全面深化改革的动员部署大会，会议通过的《中共中央关于全面深化改革若干重大问题的决定》，首次确立了生态文明制度体系，从源头、过程、后果的全过程，按照“源头严防、过程严管、后果严惩”的思路，阐述了生态文明制度体系的构成、改革方向及重点任务，意义重大深远。

党的十八届四中全会通过的《中共中央关于全面推进依法治国若干重大问题的决定》，站在依法治国建设社会主义法治国家的新高度，从立法、执法、司法和守法等环节，对进一步加强生态文明制度建设提出了新要求。尤其在法律实施领域，党中央作出了“法律的生命力在于实施，法律的权威也在于实施”的重要判断，郑重提出了必须严格执法的明确要求。我们作为环境保护领域中的“法律人”，既感到亲切鼓舞，又感到责任重大。

严格环境执法需要培训环境执法人员，而高质量的培训首先需要高质量的培训教材。如何判断法律培训教材质量的高低呢？我认为，一要看其能否精准地解释法律的内容，二要看其是否接地气，是否易懂。马倍战律师主编的法律培训教材《环境行政执法精要》就具备这两个特征。首先，该教材的编写者都是一些有经验的律师，经过法律战场实战的检验，对法律有着准确的理解。其次，其编写的特点是“先有案例、再有分析、然后提出解决方案”，且书中案例绝大多数都是本所人员亲自办理的案件。全书内容通俗易懂，十分便于执法人员理解掌握。这与过去一些从概念到概念，从书本到书本，从理论到理论的教材相比，不知要好过多少倍。

我是在今年一个环境保护国际研讨会议上认识马倍战律师的。律师参与环境保护事业，是时代的需要，马律师显然走在了时代的前列。更让我感到吃惊的是，他在会上送给我一本环境保护法的著作，作者竟然就是他本人。我阅后强烈地感到，这本书对指导环境保护实务工作很有价值。半年之后，我又看到马律师的新著，这不能不让我感到钦佩。

时势造英雄，而成就英雄的根本途径在于坚持。写书需要坚持，

办环保实务需要坚持，打环境官司更需要支持。我虽然没有多大能耐，但是我力挺马倍战律师为环境保护事业坚持不懈地做下去。让我们团结起来，鼓足干劲坚持下去，进一步严格环境执法，进一步强化环境司法，为进一步加快生态文明建设，为如期实现建设美丽中国的伟大目标而努力奋斗！

是为序。

孙佑海

2015 年 10 月 2 日

孙佑海：天津大学法学院院长、最高人民法院中国应用法学研究所原所长、国家环境咨询委员会委员、中国环境资源法研究会副会长、最高人民法院环境资源审判特聘专家。

前　言

新《环境保护法》发布已经一年半的时间，实行也近一年的时间，但一些地方的环保部门对于如何适用新法仍然把握不准。比如，是否可以继续责令企业补办环评？新旧环保法规定不一致时如何适用法律？新法施行前的行政决定是否应当申请法院强制执行？对没有任何环保手续排放污染物的情形是否适用行政拘留？

同时，环保部门也一如既往地被一些老问题困扰。例如，如何解决生产单位普遍没有排污许可证的问题？上级环保部门或主管领导交给违法工作任务时如何处理？公安机关不接受环保部门移送的案件如何处理？如何应对日益汹涌且看上去缺乏依据的追责问责？

本书分为环境行政处罚、环境行政许可、环境信息公开、环境案件移送、日常环境执法、环境行政案件、环境渎职风险七章，涵盖了政府环境保护行政主管部门几乎所有的工作内容，力图从这些方面为环保部门解疑排难。

本书的部分案例选自河北马倍战律师事务所实际办理的案件，部分选自媒体的公开报道和网站的公开登载，部分选自已经公开的法院判决文书，并引用了兰州市自来水异味、腾格里沙漠污染、一个环保局长的公开信、天津港爆炸等有影响的环保事件作为案例，增强了本书的实用性和指导性。

为环境行政执法提供方法，对环境保护行政主管部门的行政执法工作起到一定的指导作用，是本书的写作初衷。

河北马倍战律师事务所

2015 年 9 月

目　录

第一章　环境行政处罚

第一节　环境行政处罚总论

一、行政处罚的基本类型

【案例 1】

7 月 20 日，临沂市罗庄环保分局召开新闻发布会，通报 6 月份环境违法案件立案查处、环境违法案件移送公安部门情况。

6 月份，罗庄环保分局配合市环保局开展了大气污染防治专项执法检查、环境监察专项稽查、重点信访问题后督察、危险废物专项执法检查等环保执法行动 5 次。同时，开展夜间突击检查 18 次。6 月份，罗庄环保分局联合市环保局对 13 家企业的环境违法行为进行了立案查处，分别作出责令立即停产、限期补办环评手续、立即改正违法行为和给予罚款等处罚决定，罚款共计 71 万元。同时，将临沂首创博瑞水务有限公司对污染源监控系统进行修改，造成污染源监控系统不能正常运行一案移送公安部门。

此外，本次新闻发布会通报的上述环境违法行为立案查处及移送公安部门的情况已在市环保局、省环保厅网站及罗庄环保分局官方微博@罗庄环境进行同步曝光。今后，罗庄环保分局将继续加大对环境违法行为的查处力度，坚决做到发现一起，查处一起，绝不手软。（摘自环保部网站 www.zhb.gov.cn）

【解答与分析】

（1）行政处罚包括哪些种类？

根据《行政处罚法》第八条的规定，行政处罚包括下列种类：

（一）警告；

（二）罚款；

（三）没收违法所得、没收非法财物；

（四）责令停产停业；

（五）暂扣或者吊销许可证、暂扣或者吊销执照；

（六）行政拘留；

（七）法律、行政法规规定的其他行政处罚。

（2）环境行政处罚的种类有哪些？

《环境行政处罚办法》第十条规定，根据法律、行政法规和部门规章，环境行政处罚的种类有：

（一）警告；

（二）罚款；

（三）责令停产整顿；

（四）责令停产、停业、关闭；

（五）暂扣、吊销许可证或者其他具有许可性质的证件；

（六）没收违法所得、没收非法财物；

（七）行政拘留；

（八）法律、行政法规设定的其他行政处罚种类。

虽然《环境行政处罚办法》作了上述规定，但环境行政处罚的种类一般不包括上述规定中的第（六）、（七）项。

（3）“责令限期补办环评手续”是一种行政处罚吗？

“责令限期补办环评手续”是原《环境保护法》中规定的一种行政处罚方式，现行《环境保护法》已经取消。根据现行《环境保护法》第六十一条的规定，建设单位未依法提交建设项目环境影响评价文件或者环境影响评价文件未经批准，擅自开工建设的，由负有环境保护监督管理职责的部门责令停止建设，处以罚款，并可以责令恢复原状。新环保法施行后，环保部门发现项目已经建成并投产的，应当责令立即停止排放污染物的违法行为，处以罚款，还可给予其他行政处罚并可采取其他行政强制措施，但不应再“责令补办环评手续”。

二、行政处罚与行政命令

【案例 2】

市环保局发现某公司在污染防治设施未经验收的情况下，擅自投入生产，废水未经处理超标外排。

市环保局依法作出如下处罚：（一）责令立即停止生产；（二）罚款 8 万元。

公司不履行处罚决定、不申请复议、不提起诉讼。

市环保局遂向当地法院申请强制执行对该公司“责令停止生产”和“罚款 8 万元”的处罚决定。

法院的处理结果为：（一）强制执行“罚款 8 万元”；（二）以“停止生产”的处罚“不具有给付内容”为由不予受理。

公司在被强制执行缴纳罚款后，仍未停产，继续生产违法排污，而环保部门因缺乏更多的强制执行措施对此束手无策，遂咨询河北马倍战律师事务所。

【解答与分析】

(4)行政命令是否属于行政处罚?

行政命令，是行政主体依法要求相对人进行一定的作为或不作为的意思表示。行政命令具有强制力，它包括两类：一类是要求相对人进行一定作为的命令，表现为“责令”完成一定行为的形式；另一类是要求相对人履行一定的不作为的命令，称作为禁（止）令。

从实质上理解，行政命令是行政主体的一种强制性行为，只存在于行政处理行为之中，与行政检查、行政决定和行政强制执行相联系，并且相互衔接。我国环境保护法中规定的行政命令有责令停止违法行为、责令限制生产、责令停产整治、责令停业、关闭等。

而行政处罚是直接对行政相对人产生一定影响的行政措施。常见的行政处罚形式有拘留、罚款、暂扣或吊销执照等。环保部门最常使用的行政处罚措施是罚款。

但根据我国《行政处罚法》第八条的规定，行政处罚不但包括“警告、罚款、行政拘留、没收违法所得、没收非法财物、暂扣或者吊销许可证、暂扣或者吊销执照”等能够直接对行政相对人产生影响的措施，还包括以“责令”开头的部分行政命令。

(5)行政命令和罚款是否可以出现在一个决定书中?

行政命令是要求行政相对人为一定具体行政行为的责令形式，这种责令形式一般要求行政相对人马上履行，不得迟延，从到达行政相对人时生效。对于行政命令，如果行政相对人没有主动履行，环保部门应当自行政相对人收到行政命令后行政复议和行政诉讼的期限届满之日起三个月内申请法院强制执行。

而罚款一般要履行陈述、申辩、听证等告知程序，而且要求行政相对人在一定期限内交纳罚款；行政相对人在交纳罚款的期限届满不主动履行，而且申请行政复议和提起行政诉讼的期限届满，环保部门才能申请法院强制执行。

因为行政命令和罚款的履行时间不同，因此，把行政命令和罚款写在一个行政决定书中，可能会给执行带来障碍。环保部门应当尽量做到“一项处罚一个行政决定书”。

（6）法院以“责令停止生产的处罚不具有给付内容”为由不予受理是否正确？

《最高人民法院关于执行〈中华人民共和国行政诉讼法〉若干问题的解释》第八十六条规定，行政机关根据行政诉讼法第六十六条的规定申请执行其具体行政行为，应当具备以下条件：

（一）具体行政行为依法可以由人民法院执行；

（二）具体行政行为已经生效并具有可执行内容；

（三）申请人是作出该具体行政行为的行政机关或者法律、法规、规章授权的组织；

（四）被申请人是该具体行政行为所确定的义务人；

（五）被申请人在具体行政行为确定的期限内或者行政机关另行指定的期限内未履行义务；

（六）申请人在法定期限内提出申请；

（七）被申请执行的行政案件属于受理申请执行的人民法院管辖。

人民法院对符合条件的申请，应当立案受理，并通知申请人；对不符合条件的申请，应当裁定不予受理。

上述规定并没有把具有“给付内容”作为法院执行的必要条件，而且“责令停止生产”是可以执行的。因此，法院的处理是不当的。

三、行政处罚的有效运用

【案例 3】

自 2005 年开始，张某夫妇在县城城区开办一家二层楼的洗浴中心，因为洗浴中心与居民楼公用一个墙体，造成一至三层的民宅墙体脱落。洗浴中心用两台燃煤锅炉供客人热水，锅炉排放的烟尘洒落到居民室内，给居民生活造成极大影响。为此，几户居民经常性地到上级环保部门和信访部门告状，指控环保部门不作为。

为了解决居民关心的问题，县环保局对该洗浴中心进行了现场检查，但两次现场检查，均被洗浴中心拒绝。经过外围调查发现，该洗浴中心还存在乱放煤灰的行为。

经查，该洗浴中心有环评文件，但没有开展竣工验收，无排污许可证。

在调查取证的基础上，县环保局于 2013 年 10 月给予洗浴中心警告的行政处罚。洗浴中心没有申请行政复议，也没有提起行政诉讼。

2014 年 12 月，县环保局又以同样的理由给予洗浴中心警告的行政处罚。洗浴中心同样没有申请行政复议，也没有提起行政诉讼。

2015 年 7 月，县环保局在进行现场检查时，发现该洗浴中心仍然没有改正原来的违法行为。

【解答与分析】

（7）环保部门给予行政相对人警告的法律依据是什么？

《大气污染防治法》第四十六条规定，违反本法规定，有下列行为之一的，环境保护行政主管部门或者本法第四条第二款规定的监督管理部门可以根据不同情节，责令停止违法行为，限期改正，给予警告或者处以五万元以下罚款：

（一）拒报或者谎报国务院环境保护行政主管部门规定的有关污染物排放申报事项的；

（二）拒绝环境保护行政主管部门或者其他监督管理部门现场检查或者在被检查时弄虚作假的；

（三）排污单位不正常使用大气污染物处理设施，或者未经环境保护行政主管部门批准，擅自拆除、闲置大气污染物处理设施的；

（四）未采取防燃、防尘措施，在人口集中地区存放煤炭、煤矸石、煤渣、煤灰、砂石、灰土等物料的。

根据上述第（二）项、第（四）项的规定，环保部门可以给予行政相对人警告的行政处罚。

（8）给予两次“警告”处罚后可以按照刑事案件移送吗？

警告是行政处罚种类中最轻的行政处罚，行政相对人没有经济损失，人身自由没有受到限制，因此受到警告的行政相对人往往不申请行政复议、不提起行政诉讼。

最高人民法院、最高人民检察院《关于办理环境污染刑事案件适用法律若干问题的解释》第一条第（五）项规定，“两年内曾因违反国家规定，排放、倾倒、处置有放射性的废物、含传染病病原体的废物、有毒物质受过两次以上行政处罚，又实施前列行为的”，构成刑法第三百三十八条规定的污染环境罪。环保部门可通过检测手段，确定洗浴中心排放的大气污染物和水污染物中是否包含法律规定的几类物质。如果是，则环保部门即可根据法律规定，将该类案件移送公安机关按照刑事案件处理。

（9）县环保局还可以对洗浴中心采用何种行政措施？

（一）处以罚款

环保部门可以依据《大气污染防治法》《水污染防治法》《固体废物污染环境防治法》等法律规定，给予行政违法相对人罚款的行政处罚。

（二）责令改正违法行为

环保部门发现排污单位违法排放污染物，首先应当责令其改正违法行为。

（三）按日连续处罚

环境保护部门应当在对排污单位下达责令改正违法行决定书 30 日内进行暗访，如果发现排污单位存在同一违法排污行为，可以实施按日连续处罚。

（四）实施查封、扣押

当其排放的污染物造成或者可能造成严重污染时，环保部门可以对浴池造成污染的排污设施采取查封、扣押措施。

（五）移送行政拘留

《环境保护法》第六十三条规定，未取得排污许可证排放污染物，被责令停止排污后拒不执行的，环保部门应当将案件移送公安机关，对其直接负责的主管人员和其他直接责任人员实施行政拘留。环保部门可依据上述规定办理。

四、行政处罚的常见误区

【案例 4】

2014 年 8 月 26 日，有群众向市环保局举报焦电公司未经有效处理直接向大气散排大量有毒有害废气，造成周边地区严重影响，市环保局监察大队执法人员到现场调查核实情况，认定该公司存在违法事实：未采取有效污染防治措施，向大气排放有毒气体。

9 月 10 日，市环保局监察大队依据《大气污染防治法》第五十六条第一款，对焦电公司做出如下行政处罚决定：

（一）罚款十万元整；

（二）责令停止违法行为，立即改正。

市环保局监察大队还对履行决定的途径、方式，以及不履行决定的法律后果进行了告知，并要求焦电公司限于接到本处罚决定书之日起十五日内将罚款缴至指定银行账号。

焦电公司收到行政处罚决定书后，通过熟人找监察大队队长协商，要求少缴罚款。监察大队大队长经过请示环保局局长，同时考虑到焦电公司确实存在经济困难、本次处罚的数额太高等因素，遂将罚款数额降为二万元。焦电公司愉快地接受了处罚，很快上缴了罚款。

【解答与分析】

（10）市环保局是否可以委托监察大队实施行政处罚？

行政处罚可以委托其他行政机关实施。根据《行政处罚法》第十八条的规定，行政机关依照法律、法规或者规章的规定，可以在其法定权限内委托符合本法第十九条规定条件的组织实施行政处罚。行政机关不得委托其他组织或者个人实施行政处罚。

根据《行政处罚法》第十九条的规定，受委托的组织必须符合以下条件：

（一）依法成立的管理公共事务的事业组织；

（二）具有熟悉有关法律、法规、规章和业务的工作人员；

（三）对违法行为需要进行技术检查或者技术鉴定的，应当有条件组织进行相应的技术检查或者技术鉴定。

委托行政机关对受委托的组织实施行政处罚的行为应当负责监督，并对该行为的后果承担法律责任。

受委托组织在委托范围内，以委托行政机关名义实施行政处罚；不得再委托其他任何组织或者个人实施行政处罚。

根据上述规定，市环保局可以委托市环境监察大队实施行政处罚，但是应当以市环保局的名义实施处罚，而且其法律后果由市环保局承担。

（11）环保部门是否可以与排污人协商罚款数额？

行政处罚涉及公民的基本权利，必须采取法定原则，行政处罚的法定原则，包括：

（一）行政处罚的设定合法

行政处罚由有权设定行政处罚的国家机关在职权范围内设定，无权设定的不得设定，也不得越权设定。

（二）行政处罚的主体合法

行政处罚的实施主要由行政机关实施，但也有法律、行政法规或者地方性法规授权的组织、受行政机关委托的组织也可以行使某些行政处罚权。

（三）行政处罚的程序合法

实施行政处罚必须遵守法律规定的程序，既包括行政处罚法规定的程序，也包括其他行政法律关于程序的规定。

（四）行政处罚的依据合法

行政机关实施行政处罚，包括罚款数额及处罚强度，都要严格依法进行，没有法定依据的，行政处罚无效。

因此，环保部门可以在法律规定的幅度内自由裁量，但不得与当事人协商处罚数额。

（12）环保部门是否可以接收罚款？

《行政处罚法》第四十六条规定，“作出罚款决定的行政机关应当与收缴罚款的机构分离。除依照本法第四十七条、第四十八条的规定当场收缴的罚款外，作出行政处罚决定的行政机关及其执法人员不得自行收缴罚款。当事人应当自收到行政处罚决定书之日起十五日内，到指定的银行缴纳罚款。银行应当收受罚款，并将罚款直接上缴国库。”

第四十七条规定，“依照本法第三十三条的规定当场作出行政处罚决定，有下列情形之一的，执法人员可以当场收缴罚款：（一）依法给予二十元以下的罚款的；（二）不当场收缴事后难以执行的。”

第四十八条规定，“在边远、水上、交通不便地区，行政机关及其执法人员依照本法第三十三条、第三十八条的规定作出罚款决定后，当事人向指定的银行缴纳罚款确有困难，经当事人提出，行政机关及其执法人员可以当场收缴罚款。”

环保部门的罚款数额一般都在法律规定的数额以上，一般也不存在“不当场收缴事后难以执行”的情况，环保部门不易当场收缴。

第二节　环境行政处罚证据

一、行政处罚的证据种类

【案例 5】

2014 年新《环境保护法》即将施行之际，省领导到一县级市检查工作，在上轿车时发现，距离路旁不远的一个地方，冒出浓浓的黑烟。省领导当即说这种情况非常影响空气质量，责令当地环保部门查一查是哪家企业在非法排污。

当日，当地市政府向省领导汇报，是一户人家失火造成的浓烟，这种情况今后不会发生。但实际上，这是一家烧制木炭的作坊在经营期间冒出的浓烟。

次日，当地环保部门到现场调查取证，打算关闭这家作坊。调查人员当场取得了以下证据：

（一）烧炭作坊的现场照片和视频录像；

（二）对经营者夫妇的调查笔录；

（三）对周围群众的询问笔录；

（四）利用手持检测仪监测的空气黑度；

（五）烧炭作坊的位置地图；

（六）当场扣押了部分用于烧炭的木头。

【解答与分析】

（13）**环境行政处罚的证据包括哪些种类？**

根据有关法律规定，按照证据的不同表现形式，把行政处罚证据分为以下几种：书证、物证、视听资料、证人证言、当事人的陈述、鉴定材料、勘验笔录、现场检查笔录等。

（一）书证。书证是以其所载文字、符号、图案等表达出的思想内容以证明案件事实的书面材料，可分为原本、正本、副本、记录本、影印件和译本。比如门面租赁合同、前置许可证件及文件批复件、营业执照等，均属于书证范畴。

（二）物证。物证是指以外部特征，物质属性、所处位置以及状态证明案件情况的实物或痕迹。比如说倾倒废物的车辆、排放污染物的设施都是物证。

（三）视听资料。是指利用录音、录像、计算机储存等手段反映出的声音、图像或其他信息证明案件事实的资料。如环保部门对排污单位违法行为的录像。

（四）证人证言。证人证言是了解行政违法行为的人，以口头或书面的方式向行政机关或组织所作的陈述，是行政处罚中使用比较普遍的证据形式。

（五）当事人的陈述。行政处罚案件中当事人的陈述主要是指行政违法行为人的陈述，包括陈述、申辩、听证程序中当事人所作的辩解。真实的陈述可作为认定案件的直接证据。

（六）鉴定结论。鉴定结论是指接受委托或者聘请的具有专门知识的人或机构，对案件中某些专门性问题进行鉴定所作的书面结论。

（14）制作书证、视听资料等证据应当注意什么事项？

（一）制作书证的注意事项

一是尽量提供原件，提供原件确实有困难的，可以提供与原件核对无误的复印件、照片、节录本；二是提供由有关部门保管的书证原件的复制件、影印件或者抄录件的，应当注明出处，经保管部门核对无异后加盖其印章；三是提供报表、图纸、会计账册等书证的，应当附有说明材料。

（二）制作视听资料的注意事项

一是尽量提供有关资料的原始载体。提供原始载体确有困难的，可以提供复制件；二是注明制作方法、制作时间、制作人和证明对象等；三是声音资料应当附有该声音内容的文字记录。

（三）制作证人证言的注意事项

一是写明证人的姓名、年龄、性别、职业、住址等基本情况；二是有证人的签名，不能签名的，以盖章等方式证明；三是注明出具日期；四是附有居民身份证复印件等证明身份的文件。

（四）制作行为人陈述的注意事项

对行为人的陈述和辩解应认真听取，避免只听一面之词，要注意审查行为人的陈述辩解之间以及与其他证据之间是否一致、合乎情理。当事人的陈述如果是以询问、陈述、谈话笔录形式出现的，应由行政执法人员、被询问人、陈述人、谈话人签名或者盖章。

（15）作为证据的环境监测报告应当注意哪些问题？

（一）监测报告的形式要求

作为证据使用的环境监测报告应当载明下列事项：①监测机构的全称；②监测机构的国家计量认证标志（CMA）和监测字号；③监测项目的名称、委托单位、监测时间、监测点位、监测方法、检测仪器、检测分析结果等内容；④监测报告的编制、审核、签发等人员的签名和监测机构的盖章。

（二）监测过程的程序要求

环境监测的过程应当符合各类环境监测技术规范的要求，重点应当注意以下方面：①环境监测的动因和目的应当符合规范要求；②环境监测点的设置应当符合规范要求；③环境监测的时间应当符合规定要求；④样品的采集、保存、运输和送交应当符合规范要求。

（三）区别环境监测与环境鉴定

环境监测是环境监测机构接受单位内部的工作任务，对涉及环境的活动开展的监视、测试、分析等活动，其任务来源是单位内部的指派或主动依法履行职责，其结论将作为环境行政执法、行政决策的依据。而环境鉴定则是具备相应资质的鉴定机构接受单位外部委托而进行的分析活动，其任务来源是委托人的委托，委托人可能将鉴定结论用于不同的目的。

二、行政证据的证明效力

【案例6】

根据高层领导的交办，县环保局对开办在本县贾村村东的一家石灰厂进行了突击检查。检查发现，石灰厂在工作时产生的粉尘飘落到周围农户的院落，也盖满了四周的庄稼叶子，还造成了500米处一家养鸡场蛋鸡的死亡。县环保局按照规定程序立案，并准备进行现场调查。但每当环保局调查时，该石灰厂总是大门紧闭，还有恶犬狂吠，调查人员不能入内。在此情况下，环保局制订了神秘的调查取证方案：

（一）使用无人机对经营现场拍摄；

（二）用气枪将恶犬击毙，调查人员翻墙入厂检查；

（三）对经营者强制传唤进行询问；

（四）对经营现场进行搜查；

（五）对现场进行勘验；

（六）让当事人辨认现场；

（七）对污染造成的损失进行鉴定。

【解答与分析】

（16）行政机关收集证据有哪些方式、方法、手段？

证据收集的方法是指执法机关调查收集证据的手段。调查取证的方法必须合法。法律规定的取证方法主要有：

（一）询问。询问是指执法机关要求当事人、证人或者鉴定人陈述自己了解的案情。询问是任何案件中都经常使用的证据收集措施和方法。

（二）讯问。讯问是指执法机关要求违法行为人、犯罪嫌疑人或者刑事被告人如实交代案情的方法。讯问的对象限于行政处罚案件中的违法行为人和刑事案件中的犯罪嫌疑人或被告人。讯问的主体限于执法机关。

（三）辨认。辨认是要求被害人或者证人在若干类似的物品、场所或者人中，挑选出自己曾经所见所闻的部分。辨认的主体可以是案件中的被害人和证人，辨认的对象可以是案件中的犯罪嫌疑人或者与案件有某种关联的人，也可以是与案件有关的物品或场所。

（四）勘验。勘验是指执法人员亲临现场，发现和提取证据的专门活动。勘验主体限于执法机关，律师无权进行勘验。从收集证据的角度来讲，勘验一方面是发现和提取各种物证的重要途径，另一方面勘验笔录本身也是证据的种类之一。

（五）检查。检查是指执法机关依法对与案件有关的地点或人身进行检验的专门活动。检查的对象是特定的场所或活人的身体，检查笔录是其主要的证据形式。

（六）搜查。搜查是指执法机关依职权对与案件有关的场所或者人身进行强制性的寻查、寻找和提取证据材料的专门活动。搜查的对象可以是场所，也可以是人身，还可以是车船等物体。搜查是发现和提取各种物证、书证的重要途径，搜查笔录本身是证据的种类之一。

（七）鉴定。鉴定是指专门的机构或者人员，利用其专业技术知识和科学技术设备，对有关的专门问题进行检测、鉴别，并作出鉴定结论的活动。

目前，法律没有赋予环保部门搜查的权力。

（17）如何区分证明同一事实的数个证据的证明效力？

（一）国家机关以及其他职能部门依职权制作的公文文书优于其他书证；

（二）鉴定结论、现场检查笔录、勘验笔录、档案材料以及经过公证或者登记的书证优于其他书证、视听资料和证人证言；

（三）原件、原物优于复制件，复制品；

（四）法定鉴定部门的鉴定结论优于其他鉴定部门的鉴定结论；

（五）法庭主持勘验所制作的勘验笔录优于其他部门主持勘验所制作的勘验笔录；

（六）原始证据优于传来证据；

（七）其他证人证言优于与行政相对人有亲属关系或者其他密切关系的证人提供的对该行政相对人有利的证言；

（八）出庭作证的证人证言优于未出庭作证的证人证言；

（九）数个种类不同、内容一致的证据优于一个孤立的证据。

（18）如何增强现场检查笔录的证据效力？

在现场检查笔录中除要注明被检查人名称、被检查地址、法定代表人或负责人姓名、性别、年龄、联系方式，执法人员姓名、身份、证件名称及编号，现场检查起止时间，注意笔录中不留空当外，还要注意以下几个问题。

（一）真实客观。现场检查笔录要如实记录现场所看、所听的实际情况，记录应以纪实、叙述的方式进行，切忌评论和主观推断。严禁将现场检查笔录与调查笔录混淆，将调查询问记录在现场检查笔录中。

（二）详略得当。现场检查笔录应围绕发现的问题进行记录，绝不能不分主次，不论轻重，想到哪儿就记到哪儿。现场检查笔录只有做到有的放矢，详略得当，才可能为行政处罚案件提供基本证据。

（三）互为印证。行政调查中，可能收集到各种不同种类的证据。而所有这些证据的发现、收集、固定，一般都是在现场检查过程中进行的。而现场检查笔录正是对现场检查过程的文字记录，应详细记录收集其他证据的过程，与其互为印证，互为补充，构成证据链。

（四）说明证据。对现场需复印的一些票据、记录、文件，应留存当事人身份证明复印件，由当事人在所有复印件上注明“此复印件与原件一致”字样，并签上姓名和提供日期。如果对现场情况进行拍照、录像，在拍照、录像完成后，亦应将此情况记录在现场检查笔录中。

（五）分别制作。如果一案有多个现场或同一现场多次进行检查，应分别制作笔录，不能制作成一份综合笔录。也不能今天检查，隔日制作，或一处现场检查，他处现场制作笔录。否则可能涉及取证程序违法。

（六）确认真实。现场检查应通知当事人（或其代理人）到场。现场检查笔录做好后要交给被检查人阅读或向其宣读，并由被检查人在检查笔录上逐页签字，在修改处签字或按指纹，并在笔录终了处注明对笔录真实性意见。当事人拒绝到场或者拒绝签名的，应由两名及以上执法人员在笔录中签名，并注明当事人拒绝签名的真正原因。现场有见证人的，也应让见证人签名或盖章。

三、行政证据的正确使用

【案例 7】

省环保厅在 2015 年的“利剑斩污”行动中，利用远程在线监控系统，对 30 家城镇污水处理厂进行了远程执法抽查，共发现 10 家污水处理厂超标排污，遂责令污水处理厂所在的县环保局对其下达了责令改正决定书，同时给予罚款的行政处罚。

40 天后，省环保厅再次检查在线检查数据，发现仍然有 6 家污水处理厂超标排污，遂对这 6 家污水处理厂实施了按日连续处罚。

其中，某县的污水处理厂向当地人民法院提起了行政诉讼。其理由是：（一）上级环保部门的执法证据不能作为下级环保部门实施行政处罚的证据；（二）按日连续处罚的实施条件是在环保部门下达责令改正违法行为决定书 30 日内进行暗访，执法部门没有进行暗访；（三）在线监测系统可以看到实时的监测情况，第一次监测和第二次监测时排污超标，并不能证明两次监测中间排污超标；（四）没有任何证据证明省环保厅所使用的监测系统是合格产品，其监测结果不能采纳。

基于上述理由，该县污水处理厂要求撤销县环保局的行政处罚决定书。

【解答与分析】

（19）人民法院如何对电子证据进行审查和认定？

《最高人民法院关于适用〈中华人民共和国刑事诉讼法〉的解释》第九十三条对电子邮件、电子数据交换、网上聊天记录、博客、微博客、手机短信、电子签名、域名等电子数据如何进行审查和认定作了规定，该规定同样适用于对民事案件、行政案件中电子证据的审查和认定。依据上述规定，应重点从以下几个方面审查电子证据：

（一）是否随原始存储介质移送；在原始存储介质无法封存、不便移动或者依法应当由有关部门保管、处理、返还时，提取、复制电子数据是否由二人以上进行，是否足以保证电子数据的完整性，有无提取、复制过程及原始存储介质存放地点的文字说明和签名；

（二）收集程序、方式是否符合法律及有关技术规范；经勘验、检查、搜查等侦查活动收集的电子数据，是否附有笔录、清单，并经侦查人员、电子数据持有人、见证人签名；没有持有人签名的，是否注明原因；远程调取境外或者异地的电子数据的，是否注明相关情况；对电子数据的规格、类别、文件格式等注明是否清楚；

（三）电子数据内容是否真实，有无删除、修改、增加等情形；

（四）电子数据与案件事实有无关联；

（五）与案件事实有关联的电子数据是否全面收集。

对电子数据有疑问的，应当进行鉴定或者检验。

（20）远程环境监测数据是不是符合规范的监测数据？

远程环境监测数据是不是规范的环境监测数据，应当从以下几个方面进行分析：

（一）监测站点的设置是否符合要求

《环境保护法》第十七条规定，有关行业、专业等各类环境质量监测站（点）

的设置应当符合法律法规规定和监测规范的要求。不符合设置规范要求的站点提供的环境监测数据不能作为行政处罚的依据。

（二）是否符合监测规范的程序要求

环境监测方法标准、环境监测技术规范、环境监测技术导则、环境监测质量管理技术导则等规范中对于环境监测的方法、布点、采样、样品保存、分析等都作了程序性的规定。不按照上述标准和规范出具的监测数据，也不能作为行政处罚的依据。

（三）是否使用了合格的环境监测设备

《环境保护法》第十七条还规定，监测机构应当使用符合国家标准的监测设备，遵守监测规范。不但远程监测所使用的监测设备、分析设备应当符合国家标准，所使用的传输设备也应当符合国家标准。否则，其检测数据不能作为行政处罚的依据。

（四）各设备的连接和传输是否安全

远程环境监测是由许多物理设备和电子设备的连接实现的，连接存在问题必然会导致监测数据的失实。远程环境监测数据以电子数据呈现，并通过电子方式传输，因此其在传输过程中的安全就非常重要。没有设备安全连接和数据传输保障的监测数据不能作为行政处罚的证据。

（五）关于远程环境监测数据的性质

尽管远程环境监测报告以纸质的形式呈现，但环境监测数据最初是以电子数据的形式呈现的，因此环境监测数据本质上是电子证据。既然是电子证据，在诉讼过程中，应当以电子证据的方式进行审查和认定。作为用作处罚依据的环保部门来说，应当提交监测数据的电子原件接受法庭质证。如果仅仅提交纸质形式的监测数据，应当视为没有提交证据。

（21）政府上级部门的证据可否作为下级部门行政处罚的证据？

《行政处罚法》第三十六条规定，行政机关发现公民、法人或者其他组织有依法应当给予行政处罚的行为的，必须全面、客观、公正地调查。从上述规定和法律法规对于行政证据的要求看，行政机关在收集证据时应当做到：①全面、客观、公正地进行调查；②由作出处罚决定的行政机关自行收集；③收集能够证明违法行为的任何证据。因此，任何能够证明行政违法行为的证据，包括上级行政机关的证据和其他行政机关的证据，都可以作为行政处罚的证据使用。

但是在本案中，省环保厅的监测数据对于县环保局的行政处罚来说属于传来证据，也是间接证据。传来证据是指不是直接来源于案件事实或原始出处，而是从间接的非第一来源获得的证据材料，即经过复制、复印、传抄、转述等中间环节形成的证据，是从原始证据派生出来的证据，故又称为非第一来源的证据或派生证据。间接证据是指不能直接、单独地证明案件事实，而必须与其他证据结合起来才能证明案件事实的证据。根据证据规则，在缺乏直接证据的情形下，仅依据间接证据证明案件事实，必须符合以下条件：①间接证据不应为孤证，需有多个间接证据共同证明某一案件事实；②各间接证据与案件事实之间均应具有关联性；③各间接证据之间不应存在矛盾，应当存在关联性；④各间接证据之间可以形成一个完整的证据链。

因此，省环保厅的监测数据虽可作为县环保局给予污水处理厂行政处罚的证据使用，但独立的间接证据不能证明污水处理厂超标排污违法行为的存在。

四、行政证据的无效情形

【案例 8】

2013 年年底，在最高人民法院、最高人民检察院联合发布的《关于办理环境污染刑事案件适用法律若干问题的解释》施行将近半年后，某县仍然没有移送一起环境刑事案件。为此，县环保局和县公安局多次召开联席会议，决心在春节之前拿下一起环境刑事案件。

眼看进入了腊月，县环保局仍然没有发现一起环境刑事案件的线索。一天晚上，县环保局突然接到一个举报电话，电话称某村的肖某正在经营酸洗广告牌业务，经营者直接将洗过金属广告牌的废酸液体排入地下的渗井。

县环保局和县公安局的工作人员连夜赶到肖某的经营场所，发现肖某安装了燃煤锅炉和洗广告牌的酸洗池。地上的渗坑刚刚开挖。现场还发现了装在桶内的酸性物质。肖某显然尚未开始经营。

检查人员当场将经营者一家人从熟睡中叫醒。因为经营者不在现场，县环保局仅仅询问了经营者的妻子和年仅六岁的孩子，并给他们做了笔录。为了增强现场检查取证的效果，县环保局的工作人员偷偷在询问时录了音。之后，县环保局将现场检查笔录和录音资料作为证据，以经营人没有经过环评审批开始建设为由，给予了肖某罚款的行政处罚。

肖某在法定期限内向人民法院提起了行政诉讼，理由是取证程序违法，现有证据不能证明肖某的违法事实。

县环保局收到肖某的行政诉状后，又到现场补充了视频证据；打算给肖某作笔录，但被肖某拒绝。

【解答与分析】

(22) 哪些证据不能作为定案依据?

（一）严重违反法定程序收集的证据材料；

（二）以偷拍、偷录、窃听等手段获取侵害他人合法权益的证据材料；

（三）以利诱、欺诈、胁迫、暴力等不正当手段获取的证据材料；

（四）不能正确表达意志的证人提供的证言；

（五）不具备合法性和真实性的其他证据材料。

(23) 哪些证据不能单独作为定案依据?

（一）未成年人所作的与其年龄和智力状况不相适应的证言；

（二)与一方行政相对人有亲属关系或者其他密切关系的证人所作的对该行政相对人有利的证言，或者与一方行政相对人有不利关系的证人所作的对该行政相对人不利的证言；

（三）应当出庭作证而无正当理由不出庭作证的证人证言；

（四）难以识别是否经过修改的视听资料；

（五）无法与原件、原物核对的复制件或者复制品；

（六）经一方行政相对人或者他人改动，对方行政相对人不予认可的证据材料。

（24）哪些证据不能作为具体行政行为合法的依据？

（一）行政机关及其诉讼代理人在作出具体行政行为后或者在诉讼程序中自行收集的证据；

（二）行政机关在行政程序中非法剥夺公民，法人或者其他组织依法享有的陈述、申辩或者听证权利所采用的证据；

（三）复议机关在复议程序中收集和补充的证据，或者作出原具体行政行为的行政机关在复议程序中未向复议机关提交的证据，不能作为人民法院认定原具体行政行为合法的依据。

（四）违反法律禁止性规定或者以侵犯他人合法权益的方法取得的证据，不能作为认定案件事实的依据。

第三节　环境行政处罚实施

一、行政处罚的正确程序

【案例 9】

2013 年 5 月 9 日，市环保局执法人员根据举报，发现某制药公司正在生产，厂区西南角建有一套废水处理设施，部分废水处理设施在运行，其中 MBR 池正在检修未运行，而标排口却正在排水，在线监测房间内设备在运行，TOC 仪器水泵活接处接有软管，连接至蓝色大水桶，但取水阀门未打开，导致 TOC 数值显示为 0。废水经标排口、厂界集水池外排至园区废水总管，执法人员用 pH 试纸检测，集水池水质呈酸性，且能闻到明显的化工异味，并且对废水按照规定予以采样。经检测，废水 pH 等各项指标严重超标。

在环保部门执法现场，制药公司向环保局执法人员提出口头申辩。市环保局认为，当事人违法性质比较严重，事实非常清楚，对当事人的申辩意见当场不予采纳。3 天后，市环保局对该制药公司作出责令停止违法行为并处罚款 75 万元的行政处罚决定。制药公司不服，遂向人民法院提起行政诉讼，要求撤销市环保局的具体行政行为。

【解答与分析】

(25）行政处罚应当依照什么程序？

根据《行政处罚法》的规定，行政处罚分为简易程序和一般程序。

按照该法第三十三条的规定，违法事实确凿并有法定依据，对公民处以五十元以下、对法人或者其他组织处以一千元以下罚款或者警告的行政处罚的，适用简易程序，可以当场作出行政处罚决定。

一般程序包括以下步骤：

（一）调查

1. 除可以当场作出的行政处罚外，行政机关发现公民、法人或者其他组织有依法应当给予行政处罚的行为的，必须全面、客观、公正地调查，收集有关证据；必要时，依照法律、法规的规定，可以进行检查。

2. 行政机关在调查或者进行检查时，执法人员不得少于两人，并应当向当事人或者有关人员出示证件。询问或者检查应当制作笔录。

3. 行政机关在收集证据时，可以采取抽样取证的方法；在证据可能灭失或者以后难以取得的情况下，经行政机关负责人批准，可以先行登记保存，并应当在七日内及时作出处理决定。

4. 执法人员与当事人有直接利害关系的，应当回避。

（二）告知

行政机关在作出行政处罚决定之前，应当告知当事人作出行政处罚决定的事实、理由及依据，并告知当事人依法享有的权利。当事人有权进行陈述和申辩。

（三）听取意见

行政机关必须充分听取当事人的意见，对当事人提出的事实、理由和证据，应当进行复核；当事人提出的事实、理由或者证据成立的，行政机关应当采纳。

（四）决定

调查终结，行政机关负责人应当对调查结果进行审查，根据不同情况，分别作出如下决定：

1．确有应受行政处罚的违法行为的，根据情节轻重及具体情况，作出行政处罚决定；

2．违法行为轻微，依法可以不予行政处罚的，不予行政处罚；

3．违法事实不能成立的，不得给予行政处罚；

4．违法行为已构成犯罪的，移送司法机关。

对情节复杂或者重大违法行为给予较重的行政处罚，行政机关的负责人应当集体讨论决定。

行政机关应当制作行政处罚决定书，行政处罚决定书应当载明下列事项：

1．当事人的姓名或者名称、地址；

2．违反法律、法规或者规章的事实和证据；

3．行政处罚的种类和依据；

4．行政处罚的履行方式和期限；

5．不服行政处罚决定，申请行政复议或者提起行政诉讼的途径和期限；

6．作出行政处罚决定的行政机关名称和作出决定的日期。

行政处罚决定书必须盖有作出行政处罚决定的行政机关的印章。

（五）送达

行政处罚决定书应当在宣告后当场交付当事人；当事人不在场的，行政机关应当在七日内依照民事诉讼法的有关规定，将行政处罚决定书送达当事人。

（26）为什么程序违法的行政处罚会被法院撤销？

根据《行政诉讼法》第七十条第（三）的规定，行政行为“违反法定程序的”的，人民法院判决撤销或者部分撤销，并可以判决被告重新作出行政行为。

行政处罚法规定了关于实施行政处罚的程序。所谓行政处罚的程序，是指由行政处罚法规定的，在行政处罚实施过程中行政机关和当事人必须遵循的规范和制度。也就是说，行政机关和当事人在行政处罚实施过程中依照法定的次序、法定的形式进行，如果违背了法定的、必要的次序和形式，则视为违法。行政处罚直接关系到公民、法人或者其他组织的人身权和财产权，对公民、法人或者其他组织的合法权益，通过行政处罚程序的规定予以保障。

行政处罚的程序是保证正确实施行政处罚的重要措施，是行政处罚法的重要内容。当前存在的主要问题是，对行政行为缺少程序方面的法律规定。对于行政处罚的有关规定散见于各个法律、法规或者规章中，而且大多只规定行政处罚的行为、种类和幅度，没有如何进行处罚的程序性的规定。行政处罚缺少必要的程序，没有规范，由此带来了不少消极后果，诸如处罚的随意性，有利争着罚，无利不愿管；不向被处罚人说明理由，也不允许当事人申辩，影响了处罚的公正性。如何根据我国的实际情况规定一个既便于操作、有利于提高行政工作效率，又能保证行政机关依法行政、保护当事人的合法权益的程序是非常重大的课题。

（27）环保部门如何听取当事人陈述和申辩？

《行政处罚法》第四十一条规定：“行政机关及其执法人员在作出行政处

罚决定之前，不依照本法第三十一条、第三十二条的规定向当事人告知给予行政处罚的事实、理由和依据，或者拒绝听取当事人的陈述、申辩，行政处罚决定不能成立；当事人放弃陈述或者申辩权利的除外。”第四十二条规定：“行政机关作出责令停产停业、吊销许可证或者执照、较大数额罚款等行政处罚决定之前，应当告知当事人有要求举行听证的权利；当事人要求听证的，行政机关应当组织听证。”

《行政处罚法》还规定，“当事人有权进行陈述和申辩。行政机关必须充分听取当事人的意见，对当事人提出的事实、理由和证据，应当进行复核；当事人提出的事实、理由或者证据成立的，行政机关应当采纳。”“行政机关不得因当事人申辩而加重处罚。”

根据上述规定，在告知当事人陈述、申辩权利后，如果当事人提出该项要求，环保部门应当注意：

1．如果当事人口头提出，应当告知其提出书面要求；如果其放弃陈述、申辩，要求其写出放弃陈述、申辩的书面声明。

2．约见当事人到环保机关，听取其陈述和申辩的具体意见，并做好记录，且有当事人签字。

3．认真研究当事人陈述、申辩的内容，根据当事人的陈述和申辩的理由，决定是否继续或改变原行政决定的内容。

要这样做的意义在于，一是可以使行政机关在作出行政处罚决定时，注意以事实为根据、以法律为准绳，防止和减少错误。二是事先告诉当事人，由当事人申辩和听证，有利于当事人维护自己的合法权利。三是符合重在教育的原则，使当事人知道自己哪些行为违反了法律，有利于提高排污者的法制观念。

二、行政处罚的责任主体

【案例 10】

2012 年 6 月 3 日，某设区市的一个区环保部门接到市民举报，称一条河流的某村河段出现死鱼。区环保局立刻开展周边企业排查，并启动对污染河段的应急监测。

环保部门经监测发现，从事表面处理的“鑫利公司”污水总排口排放的废水中1,2-二氯乙烷浓度为21.3 mg/L，氯苯为9.23 mg/L，同时检出少量的甲苯、二甲苯，与河道中的污染因子相符合。水文模型分析也证实，公司所排污染物无论是污染因子组成还是浓度规律，都与此次污染事故发展规律一致。

当地环保、公安、安监、水务等多部门组成了水污染事故联合调查组。经过构建模型反演等技术分析，最终认定鑫利公司正是此次环境污染事故的直接肇事者。经评估，此次污染事件共造成直接经济损失不足30万元，不构成污染环境罪，环保部门不能按照刑事案件移送，只能对有关责任单位和人员实施行政处罚。

检查中还发现，2007年11月至2012年6月，鑫利公司将所属的25个车间以承包、挂靠、租赁形式交由他人从事电镀生产经营活动。其中：

A与鑫利公司签订承包合同，对外以鑫利公司的名义开展业务，将收取的费用交由鑫利公司财务统一处理。

B与鑫利公司签订挂靠协议，但自己办理了个体工商户营业执照，对外以自己的名义接收业务。

C与鑫利公司签订了租赁协议，租赁鑫利公司的设备开展经营，没有办理工商营业执照，但对外以自己的名义承揽业务，自己收取业务费用。

【解答与分析】

（28）***以承包方式经营是否应当承担行政责任？***

A以承包方式经营电镀业务，对外以鑫利公司的名义开展业务，且将收取的费用交与鑫利公司统一处理，那么A的环境违法行为应当作为鑫利公司的违法行为，A不应独立承担一般的行政责任。

但是，如果鑫利公司的环境违法行为属于《环境保护法》第六十三条中规定的应当移送行政拘留的情形，则应当将A的违法案件作为行政拘留案件移送公安机关处理。

（29）以挂靠方式经营是否应当承担行政责任？

B与鑫利公司签订挂靠协议，但自己办理了个体工商户营业执照，对外以自己的名义接收业务，B无论在形式上还是在实质上，都完全以自己的名义开展经营活动，因此B应当与鑫利公司的责任人承担同样的行政责任。

判断“挂靠经营”、“承包经营”、“租赁经营”的标准不是看协商双方签订的协议名称，而是看实际经营方是否对外以自己的名义独立经营。如果实际经营者对外以自己的名义独立经营，则应当承担一半的环境违法行政责任；否则，就不应当承担。

（30）以租赁方式经营是否应当承担行政责任？

C与鑫利公司签订了租赁协议，租赁鑫利公司的设备开展经营，虽然没有办理工商营业执照，但对外以自己的名义承揽业务，自己收取业务费用，其行为无论在形式上还是实际上，都是一种独立经营的行为，应当与鑫利公司的责任人一样，独立承担行政责任。

如果C雇用了D开展经营，且C不参与实际经营，但从中获取利润，则D不应当承担环保部门给予的行政处罚，比如罚款；但应当与C共同承担行政拘留等涉及人身的行政处罚；如果排污行为构成犯罪，与C一样需要承担刑事责任。

三、行政处罚的法律适用

【案例 11】

2010年，某化工企业坐落在某县境内，在没有报批环评文件的情况下开始建设，2012年投入生产。后来，该化工企业到上级市环保局补办了环评。

2012年，该企业新建了一条生产线，同样没有报批环评文件。该企业曾经委托环评机构编制了环境影响报告书，但因为周围群众反对，负责审批的市环保局一直没有审批。县环保局经过检测，没有发现该化工企业的新生产线排放的污水超标。

2015 年新《环境保护法》施行后，县环保局对于如何处罚该企业，经过集体讨论。一种观点认为，该企业的环评审批属于市环保局负责，因此县环保局无权进行处理；另一种观点认为，按照新《环保法》的规定，县环保局可以对该化工企业的违法行为给予处罚。最后，县环保局因担心失职渎职，分别对该化工企业的下列违法行为进行了处罚：

（一）没有报批环评违法建设的行为；

（二）没有报批环评违法排污的行为；

（三）没有排污许可证的行为；

（四）没有经过竣工验收的行为。

【解答与分析】

（31）新《环境保护法》与旧法规定不一致时如何适用法律？

对新、旧《环境保护法》的使用原则为：

（一）如果新法有规定，旧法没有规定，则适用新法。

（二）如果新法有规定，旧法也有规定，则适用新法。

（三）如果旧法有规定，但新法没有规定，则不再适用旧法的规定。

也即，凡是新《环境保护法》新规定或改变了过去规定的，适用新法的规定；凡是旧《环境保护法》有规定而新《环境保护法》不再规定的，则这些规定就不再适用。

（32）对在建或已投入使用的违法建设项目应当如何处理？

（一）对于在建的建设项目

对于正在建设的建设项目，环保部门应当根据《环境保护法》第六十一条的规定进行处理。如果建设单位拒不执行环保部门的行政命令，则按照《环境保护法》第六十三条的规定进行处理。也即，“将案件移送公安机关，对其直接负责的主管人员和其他直接责任人员，处十日以上十五日以下拘留；情节较轻的，处五日以上十日以下拘留”。

（二）对于已经投入使用的建设项目，应分解为“未评先建”和“违法排污”两种违法行为，分两种情况进行处理：

1．对于投入使用两年以上的建设项目

根据《行政处罚法》第二十九条第一款的规定，违法行为在两年内未被发现的，不再给予行政处罚。根据该规定，如果建设项目已经投产两年以上，环保部门没有发现，针对其“未评先建行为”就不应再给予处罚。这里的“发现”，是指环保部门立案的时间。

但是对其“违法排污”，环保部门应当根据法律规定对其适用罚款、责令限制生产、停产整治、停业、关闭等行政措施。

2.对于投入使用两年以内的建设项目

应当分别就 “未评先建”和“违法排污”行为进行处罚。如果直接适用关闭的行政措施，环保部门则不应再适用其他行政措施。

（33）下级环保部门是否有权监管上级环保部门审批的项目？

（一）关于现场检查权的行使

《环境保护法》第二十四条规定：“县级以上人民政府环境保护主管部门及其委托的环境监察机构和其他负有环境保护监督管理职责的部门，有权对排放污染物的企业事业单位和其他生产经营者进行现场检查。被检查者应当如实反映情况，提供必要的资料。实施现场检查的部门、机构及其工作人员应当为被检查者保守商业秘密。”据此规定，只要生产经营活动排放污染物，当地环保部门就有权开展现场检查。

（二）关于责令补办环评

《环境保护法》第六十一条规定：“建设单位未依法提交建设项目环境影

响评价文件或者环境影响评价文件未经批准，擅自开工建设的，由负有环境保护监督管理职责的部门责令停止建设，处以罚款，并可以责令恢复原状。”对于在建的项目，或者虽已竣工但尚未超过处罚期限的项目，当地环保部门应当给予罚款处罚。

（三）关于项目建设与环评批复不一致

《环境影响评价法》第二十四条规定：“建设项目的环境影响评价文件经批准后，建设项目的性质、规模、地点、采用的生产工艺或者防治污染、防止生态破坏的措施发生重大变动的，建设单位应当重新报批建设项目的环境影响评价文件。”第三十一条规定：“建设单位未依法重新报批环境影响评价文件，擅自开工建设的，由有权审批该项目环境影响评价文件的环境保护行政主管部门责令停止建设，限期补办手续；逾期不补办手续的，可以处五万元以上二十万元以下的罚款，对建设单位直接负责的主管人员和其他直接责任人员，依法给予行政处分。”如果存在批建不一的行为，应当根据上述规定，由有权处理的机关处罚。但是因新环保法取消了责令补办环评的制度，上述规定相应内容也不在适用。

（四）关于违法排污

根据《水污染防治法》《大气污染防治法》《固体废物污染环境防治法》的法律的规定，对于违法排污行为，当地环保部门享有当然的处罚权。

四、行政措施的综合运用

【案例 12】

2013 年 12 月，某公司根据环保部门要求拆除了电镀生产线，委托某国际工程咨询中心编制环评文件。

2014 年 2 月，市环境保护局批准了该公司的环评文件，批准文件明文规定项目生产工艺不包括电镀工序，原有电镀工艺必须外委处理。

当月，该公司偷偷建设了电镀生产线，并投入生产，凹印版辊生产项目的污染防治设施也未经市环保局“三同时”验收。

2015 年 3 月 10 日，县环境监测站、县环境监察大队对该公司生产废水总排放口采样检测，发现其外排废水 COD 值超标 4.4 倍。

4 月 15 日，县环境监测站、县环境监察大队再次检测发现，公司排放的废水中氨氮超标 5.5 倍。县环保局按照按日连续处罚的程序，对该公司作出了 35 天罚款的处罚决定。

另查，该公司自 2010 年投产至今，始终未办理污染物排放许可证。

【解答与分析】

（34）县环保局对该公司的按日计罚存在哪些不当之处？

（一）《环境保护主管部门实施按日连续处罚办法》（以下简称《办法》）第七条规定：“环境保护主管部门检查发现排污者违法排放污染物的，应当进行调查取证，并依法作出行政处罚决定。”《办法》第十九条规定：“按日连续处罚每日的罚款数额，为原处罚决定书确定的罚款数额。”环保部门没有对排污者依法作出行政处罚决定的行为不当。环保部门在实施按日连续处罚时没有确定罚款数额，也是失当的。

（二）《办法》第八条规定：“环境保护主管部门可以当场认定违法排放污染物的，应当在现场调查时向排污者送达责令改正违法行为决定书，责令立即停止违法排放污染物行为。需要通过环境监测认定违法排放污染物的，环境监测机构应当按照监测技术规范要求进行监测。环境保护主管部门应当在取得环境监测报告后三个工作日内向排污者送达责令改正违法行为决定书，责令立即停止违法排放污染物行为。”县环保局没有按照要求向排污者送达责令改正违法行为决定书的行为不当。

（三）《办法》第十条规定：“环境保护主管部门应当在送达责令改正违法行为决定书之日起三十日内，以暗查方式组织对排污者违法排放污染物行为的改正情况实施复查。”县环保局没有通过暗访的方式复查，也没有在已经送达改正违法行为决定书的情况下复查，且复查日期超过了三十日。

（四）《办法》第十四条规定："复查时排污者被认定为拒不改正违法排放污染物行为的，环境保护主管部门应当按照本办法第八条的规定再次作出责令改正违法行为决定书并送达排污者，责令立即停止违法排放污染物行为，并应当依照本办法第十条、第十二条的规定对排污者再次进行复查。"本案中，环保部门在再次检测发现有超标排放污染物的情况下，没有再次作出责令改正违法行为决定书。

（35）对两种不同的违法行为是否可以实施按日连续处罚？

《环境保护主管部门实施按日连续处罚办法》第五条规定："排污者有下列行为之一，受到罚款处罚，被责令改正，拒不改正的，依法作出罚款处罚决定的环境保护主管部门可以实施按日连续处罚：（一）超过国家或者地方规定的污染物排放标准，或者超过重点污染物排放总量控制指标排放污染物的；（二）通过暗管、渗井、渗坑、灌注或者篡改、伪造监测数据，或者不正常运行防治污染设施等逃避监管的方式排放污染物的；（三）排放法律、法规规定禁止排放的污染物的；（四）违法倾倒危险废物的；（五）其他违法排放污染物行为。"

根据上述规定，如果排污者的后面的违法行为与第一次违法行为属于上述规定中的同一项，则适用按日连续处罚；如果不属于同一项，排污者后面的违法行为应当视为一个独立的违法行为，则不适用按日连续处罚。

（36）对于数个违法行为是否可以一并处罚？

本案中，该公司存在"批建不一"、"违法排污"、"没有竣工验收"等多个违法行为，环保部门是否可以将数个案件一并处罚？

查处环境行政违法案件是环保部门的主要职责，对于排污者存在的违法行为，环保部门应当做到有案必查、有案必究。所以，对于甲公司存在的全部违法行为，环保部门都应当作出相应处罚。鉴于不同的行政处罚种类，生效时间与程序要求不同，建议环保部门针对排污者各个环境违法行为分别作出处罚决定。

第四节　行政处罚决定执行

一、行政处罚的执行条件

【案例 13】

2014 年 12 月，县环保局对某造纸企业作出了一份行政处罚决定书，处罚条款如下：

（一）责令立即停止排放污染物的违法行为；

（二）责令立即补办环境影响报告书；

（三）处以罚款 20 万元人民币；

（四）责令搬到县工业园区。

造纸企业没有在法定期限内履行决定书的内容。

2015 年 3 月，县环保局决定向人民法院申请强制执行对造纸企业的行政处罚决定书，但这时该企业已经停止了营业。

县环保局对该案的执行进行了讨论，形成了三种观点：一种观点认为，对于新《环境保护法》施行之前作出的处罚决定，不应再申请法院强制执行；一种观点认为，应当请河北马倍战律师事务所把关，把可以执行的申请法院强制执行，不可执行的就不再执行；还有一种观点认为，企业已经自行关闭了，所有的行政处罚决定都已经没有执行的必要。

【解答与分析】

（37）环保部门的任何行政处罚决定都可申请人民法院强制执行吗？

依据《行政诉讼法》和《最高人民法院关于执行〈中华人民共和国行政诉讼法〉若干问题的解释》（法释〔2000〕8 号），行政机关申请人民法院强制执行其具体行政行为应当具备的条件为：（一）具体行政行为依法可以由人民法院强制执行；（二）具体行政行为已经生效并具有可执行的内容；（三）申请人是做出该具体行政行为的行政机关或者法律、法规、规章授权的组织；（四）被申请人是该具体行政行为确定的义务人；（五）被申请人在具体行政行为确定的期限内或者行政机关另行指定的期限内未履行义务的；（六）申请人在法定期限内提出申请；（七）被申请执行的行政案件属于受理申请人民法院管辖。

环保部门的行政处罚一般包括罚款、责令停止违法行为、责令限制生产、责令停业关闭等，只要人民法院能够执行的，均可申请人民法院强制执行。

对于“责令搬迁”、“公开道歉”等不规范甚至没有法律依据的行政处罚，人民法院当然不会执行，也无法执行。

（38）行政机关向人民法院申请强制执行应提供哪些材料？

如果行政机关向人民法院申请强制执行行政处罚决定，应当提供下列材料：

（一）强制执行申请书；

（二）行政决定书及作出决定的事实、理由和依据；

（三）当事人的意见及行政机关催告情况；

（四）申请强制执行标的情况；

（五）法律、行政法规规定的其他材料。

强制执行申请书应当由行政机关负责人签名，加盖行政机关的印章，并注明日期。

（39）行政机关申请法院强制执行罚款案件的期限是多久？

《行政复议法》第九条规定：“公民、法人或者其他组织认为具体行政行为侵犯其合法权益的，可以自知道该具体行政行为之日起六十日内提出行政复议申请；但是法律规定的申请期限超过六十日的除外。”《行政诉讼法》第四十六条规定："公民、法人或者其他组织直接向人民法院提起诉讼的，应当自知道或者应当知道作出行政行为之日起六个月内提出。法律另有规定的除外。"《行政诉讼法》第九十七条规定："公民、法人或者其他组织对行政行为在法定期间不提起诉讼又不履行的，行政机关可以申请人民法院强制执行，或者依法强制执行。"《行政强制法》第五十三条规定："当事人在法定期限内不申请行政复议或者提起行政诉讼，又不履行行政决定的，没有行政强制执行权的行政机关可以自期限届满之日起三个月内，依照本章规定申请人民法院强制执行。"

根据上述规定，行政机关申请人民法院强制执行其具体行政行为，应当自被执行人的法定起诉期限届满之日起三个月内提出：①当事人未申请行政复议且未提起行政诉讼的，在处罚决定书送达之日起六个月后起算的三个月内；②当事人提起行政复议的，复议决定书送达后当事人未提起行政诉讼的，在复议决定书送达之日起 15 日后起算的三个月内；③当事人提起行政诉讼的，第一审行政判决后当事人未提出上诉的，在判决书送达之日起 15 日后起算的三个月内；④当事人提起行政诉讼的，第一审行政裁定后当事人未提出上诉的，在裁定书送达之日起 10 日后起算的三个月内；⑤当事人提起上诉的，第二审行政判决书送达之日起三个月内。《环境行政处罚办法》第六十二条与上述规定不一致的，按照上述规定执行。

二、行政处罚的执行程序

【案例 14】

2012 年 3 月，县环保局发现某制革企业在没有报批环评的情况下开始建设，9 月建设项目竣工并投入生产。该企业向县环保申请竣工验收，但因其没有报批环评，县环保局没有对其进行验收。

2015 年 1 月，县环保局以该企业"没有报批就开始建设并投入使用"为由，对该企业实施了罚款 30 万元的行政处罚。企业没有按期缴纳罚款，也没有复议和诉讼。

2015 年 7 月，县环保局认为申请法院强制执行的期限已到，就打算申请法院强制执行。当事人提出，如果环保局申请法院强制执行，可能一分钱都执行不到；如果环保局答应分期缴纳罚款，当事人可以在达成执行和解协议后的 5 日内缴纳 10 万元。

【解答与分析】

（40）行政机关对不缴纳罚款的当事人可以采取哪些措施？

根据《行政处罚法》第五十一条的规定，当事人逾期不履行行政处罚决定的，作出行政处罚决定的行政机关可以采取下列措施：（一）到期不缴纳罚款的，每日按罚款数额的百分之三加处罚款；（二）根据法律规定，将查封、扣押的财物拍卖或者将冻结的存款划拨抵缴罚款；（三）申请人民法院强制执行。

（41）行政机关处罚的罚款能否暂缓或分期缴纳？

《行政处罚法》第五十二条规定："当事人确有经济困难，需要延期或者分期缴纳罚款的，经当事人申请和行政机关批准，可以暂缓或者分期缴纳。"《环境行政处罚办法》第六十四条规定："确有经济困难，需要延期或者分期缴纳罚款的，当事人应当在行政处罚决定书确定的缴纳期限届满前，向作出行政处罚决定的环境保护主管部门提出延期或者分期缴纳的书面申请。批准当事人延期或者分期缴纳罚款的，应当制作同意延期（分期）缴纳罚款通知书，并送达当事人和收缴罚款的机构。延期或者分期缴纳的最后一期缴纳时间不得晚于申请人民法院强制执行的最后期限。"

根据上述规定，罚款处罚可以暂缓或分期缴纳，但需要当事人提出申请并征得行政机关批准，且延期或者分期缴纳的最后一期缴纳时间不得晚于申请人民法院强制执行的最后期限。

（42）行政机关能否免去当事人应缴纳的部分罚款？

根据《行政处罚法》第二十七条规定，有下列情形之一的，行政处罚应当予以从轻或减轻：一是主动消除或者减轻违法行为危害后果的，二是受他人胁迫有违法行为的，三是配合行政机关查处违法行为有立功表现的，四是其他依法应当从轻或者减轻行政处罚的。该规定是行政机关在实施行政处罚时的处理原则，一旦行政决定生效，行政机关就不能再适用该原则。

行政机关的权力来源于法律的规定。对于行政机关来说，法无授权即禁止。因为法律没有授予行政机关免去当事人罚款的权力，故行政机关既不能免去当事人的部分罚款，也不能与当事人协商应执行罚款的数额。

三、行政处罚的执行措施

【案例 15】

新《环境保护法》开始实施后，A 县清理了本县环保局的各类已经到期但当事人没有主动履行的罚款及其他案件，包括：

（一）应交罚款 20 件；

（二）责令停止生产案件 12 件；

（三）责令补办环评案件 5 件；

（四）限期治理案件 2 件；

（五）责令搬迁案件 5 件；

（六）应交排污费案件 10 件。

县环保局首先向当事人发出了催告书，然后准备了申请材料，准备一并申请人民法院强制执行。

【解答与分析】

（43）申请法院强制执行案件是否必须催告当事人？

《行政强制法》第五十四条规定："行政机关申请人民法院强制执行前，应当催告当事人履行义务。催告书送达十日后当事人仍未履行义务的，行政机关可以向所在地有管辖权的人民法院申请强制执行；执行对象是不动产的，向不动产所在地有管辖权的人民法院申请强制执行。"

强制法中的强制本身包括行政强制措施和行政决定的强制执行两部分。而上述条款正是对无强制执行权的行政机关向人民法院申请强制执行其作出的行政决定的规定。故环保部门在向人民法院申请强制执行行政处罚案件之前，应当催告当事人。

（44）新《环境保护法》已经取消的内容是否仍需申请法院强制执行？

已于2015年1月1日实施的新《环境保护法》取消了责令限期治理和责令补办环评等规定。一旦法院强制执行了包含新法已经取消内容的行政决定，当事人的行为就会与现行法律产生冲突，甚至产生一种新的违法行为。因此，如果新法施行前的处罚决定中有限期治理和责令补办环评的内容，环保部门则不应再申请法院强制执行。

新《环境保护法》施行后，环保部门应当针对生产经营者当前的违法行为，依据当前适用的法律，对其作出相应的处罚，采取相应的行政措施。

（45）排污单位不交排污费可以申请法院强制执行吗？

根据《行政诉讼法》第九十七条规定，公民、法人或者其他组织对行政行为在法定期间不提起诉讼又不履行的，行政机关可以申请人民法院强制执行，或者依法强制执行。

征收排污费属于环保行政机关的具体行政行为之一，属于可直接引起行政诉讼的行政行为，因此环保部门可以直接申请法院强制执行《排污费征收通知书》或《排污费限期缴纳决定书》中的内容。

四、行政处罚被判决撤销

【案例 16】

1992 年 6 月 29 日，市环境保护监测站对某厂的厂界噪声进行监测，该厂的厂界噪声昼间为 75 dB，夜间为 72 dB。市环境保护局根据监测站的监测结果，向该厂发出《关于限期缴纳超标准排污费的通知》，要求该厂在 1993 年 5 月 30 日前缴交 10 个月的超标准噪声排污费人民币 24 000 元。该厂接到通知后，于 1993 年 5 月 28 日缴交了人民币 12 000 元，余下的 12 000 元没有缴纳。市环保局多次向该厂催交未果，遂于 1993 年 6 月 30 日对该厂作出《环境保护行政处罚决定书》：一、必须在 1993 年 7 月 8 日前如数交清所欠噪声超标准排污费人民币 12 000 元，滞纳金人民币 360 元，并处以罚款人民币 3 000 元；二、如在期限内尚未缴清上述款项，除继续累计滞纳金外，依法给予警告，并将其违法行为通报。

原告不服该处罚决定，于 1993 年 7 月 15 日向市中级人民法院提起诉讼。法院于 1993 年 9 月 14 日作出判决：维持市环境保护局作出的环境保护行政处罚决定。

一审宣判后，该厂不服，向省高级人民法院提起上诉，二审法院于 1994 年 4 月 26 日作出判决：一、维持原判关于维持市环境保护局环境保护处罚决定书第（一）项和第（二）项中的“如在期限内尚未缴清上述款项，继续累计滞纳金”的判决；二、撤销市环境保护局处罚决定第（二）项中“将你厂的违法行为通报”的决定内容。

【解答与分析】

（46）当事人申请行政复议或提起行政诉讼是否停止原决定执行？

《行政处罚法》第四十四条规定：“行政处罚决定依法作出后，当事人应当在行政处罚决定的期限内，予以履行。”第四十五条规定：“当事人对行政处罚决定不服申请行政复议或者提起行政诉讼的，行政处罚不停止执行，法律另有规定的除外。”根据上述规定，当事人对行政处罚决定不服申请行政复议或者提起行政诉讼的，行政处罚不停止执行，但法律另有规定的除外。

《行政复议法》第二十一条规定：“行政复议期间具体行政行为不停止执行；但是，有下列情形之一的，可以停止执行：（一）被申请人认为需要停止执行的；（二）行政复议机关认为需要停止执行的；（三）申请人申请停止执行，行政复议机关认为其要求合理，决定停止执行的；（四）法律规定停止执行的。”新《行政诉讼法》第五十六条也作了基本相同的规定：“诉讼期间，不停止行政行为的执行。但有下列情形之一的，裁定停止执行：（一）被告认为需要停止执行的；（二）原告或者利害关系人申请停止执行，人民法院认为该行政行为的执行会造成难以弥补的损失，并且停止执行不损害国家利益、社会公共利益的；（三）人民法院认为该行政行为的执行会给国家利益、社会公共利益造成重大损害的；（四）法律、法规规定停止执行的。”环保部门应当根据上述规定决定是否停止执行原行政处罚决定。

（47）复议期间环保部门是否可以改变或撤销处罚决定？

虽然《行政复议法》对于行政复议过程中行政机关主动撤销具体行政行为后将如何处理没有具体规定，但是2007年8月1日起实施的《行政复议法实施条例》第三十九条规定：“行政复议期间被申请人改变原具体行政行为的，不影响行政复议案件的审理。但是，申请人依法撤回行政复议申请的除外。”由此可知，行政复议期间，被申请人若发现其作出的具体行政行为不合法或者不合理，可以改变具体行政行为。这里的“改变”包括撤销原具体行政行为、变更原具体行政行为或者依法履行法定职责等。被申请人改变具体行政行为后，除了申请人依法撤回复议申请外，不影响行政复议案件的审理，即行政复议机关仍可以对原具体行政行为进行合法性和合理性审查。

根据《行政复议法实施条例》第三十九条规定，撤销原行政处罚决定书的行为不影响复议案件的审理，复议机关仍需对原行政处罚行为的合法性、合理性进行审查并作出相应的复议决定。如果行政复议机关经审理后发现该行为不合法应当撤销，考虑到被申请人已经将该行为撤销，则其不宜再作出撤销决定。

（48）法院为何撤销“将你厂的违法行为通报”的决定？

《行政处罚法》第八条规定，行政处罚的包括警告、罚款、没收违法所得、没收非法财物、责令停产停业、暂扣或者吊销许可证、暂扣或者吊销执照、行政拘留等形式，“将你厂的违法行为通报”既不属于行政处罚法中规定的行政处罚形式，也不属于其他法律、行政法规中规定的其他行政处罚形式，它是市环保局自行创设的一种行政处罚方式。因环保局无权创设新的行政处罚方式，故人民法院判决撤销。

第二章　环境行政许可

第一节　环境影响评价文件审批

一、环境影响评价文件的受理

【案例 17】

廖某在城乡结合部开办一家纸箱厂十余年，一直没有办理环境影响评价手续。2014 年 11 月，他听说新《环境保护法》对生产单位要求很严，没有环评手续将不能继续生产，就通过函件的形式将一份环境影响登记表邮寄到纸箱厂所在的区环保局。区环保局收到登记表后，认为廖某的纸箱厂坐落在省会的二级水源保护区，不应当对其环评申请予以批准，就以《不予受理通知书》的形式，通知廖某对其申请不予受理。廖某认为，区环保局对其环评文件申请可以不予批准，但不应不予受理，因此向人民法院提起了诉讼。

【解答与分析】

(49) 什么情况下可以对环境影响评价文件不予受理？

《行政许可法》第三十二条规定，行政机关对申请人提出的行政许可申请，应当根据下列情况分别作出处理：

（一）申请事项依法不需要取得行政许可的，应当即时告知申请人不受理；

（二）申请事项依法不属于本行政机关职权范围的，应当即时作出不予受理的决定，并告知申请人向有关行政机关申请；

（三）申请材料存在可以当场更正的错误的，应当允许申请人当场更正；

（四）申请材料不齐全或者不符合法定形式的，应当当场或者在五日内一次告知申请人需要补正的全部内容，逾期不告知的，自收到申请材料之日起即视为受理；

（五）申请事项属于本行政机关职权范围，申请材料齐全、符合法定形式，或者申请人按照本行政机关的要求提交全部补正申请材料的，应当受理行政许可申请。

行政机关受理或者不予受理行政许可申请，应当出具加盖本行政机关专用印章和注明日期的书面凭证。

根据上述规定，只有在当事人的“申请事项依法不需要取得行政许可”和“申请事项依法不属于本行政机关职权范围”的情况下，环评审批部门方可不予受理。

（50）新环保法实施后，还可受理补办环评申请吗？

环境影响评价保证了建设项目选址和布局的合理性，为制定环境保护对策并进行科学的环境管理提供了科学依据，为区域开发的社会经济发展提供导向。对于需要进行环评的建设项目来说，环评就是其进行后续建设和生产的基石。

新修订的《环境保护法》虽然取消了环评审批部门“责令补办环评”的规定，但新法实施后，如果企业主动申请办理环评手续，只要其符合受理的相关规定，环保部门就应当受理；符合条件的，应当予以审批。

（51）正在生产的企业申请补办环评应当批准吗？

首先，正在生产的企业申请补办环评，环保部门应当受理。

其次，企业在没有经过环评审批的情况下生产肯定属于违法生产。在存在违法生产的情况下，其申请补办环评是不应得到批准的。

河北马倍战律师事务所提出建议，企业若申请补办环评，必须先停止其违法生产的行为。

二、环境影响评价中的公众参与

【案例 18】

2015 年 6 月 25 日，市环保局受理电力公司提出的《500 kV 输变电工程环境影响报告书》审批申请，并网上公示了受理信息。同日，市环保局委托市环境科学研究院开展该工程环评文件的技术评估。7 月 5 日，环境科学研究院出具了技术评估报告，认为《环评报告》符合相关环保技术标准。7 月 17 日，市环保局组织召开专家咨询会，与会专家认为输变电项目对周边环境影响符合环保标准，项目不会影响周边居民的重大环境利益。8 月 6 日，市环保局经审查认为，《环评报告》符合相关要求，拟作出批准决定，遂在"市环境网"进行公示。8 月 20 日，市环保局作出《关于 500 kV 输变电工程环境影响报告书的审批意见》，同意项目建设。

输变电项目附近的某小区业主委员会认为，居民小区附近不应建高压变电站项目，市环保局不考虑建设项目对居民的实际影响而作出审批系违法，遂向省环保厅申请行政复议。复议机关维持审批决定后，小区业主委员会向人民法院提起行政诉讼。

【解答与分析】

（52）建设项目环境影响评价中公众参与的范围是什么？

《环境影响评价公众参与暂行办法》第二条对建设项目环境影响评价中公众参与的范围做了如下规定：

（一）对环境可能造成重大影响、应当编制环境影响报告书的建设项目；

（二）环境影响报告书经批准后，项目的性质、规模、地点、采用的生产工艺或者防治污染、防止生态破坏的措施发生重大变动，建设单位应当重新报批环境影响报告书的建设项目；

（三）环境影响报告书自批准之日起超过五年方决定开工建设，其环境影响报告书应当报原审批机关重新审核的建设项目。

（53）公众在环评审批过程中提出意见应当如何处理？

《环境保护法》第五十六条规定："对依法应当编制环境影响报告书的建设项目，建设单位应当在编制时向可能受影响的公众说明情况，充分征求意见。负责审批建设项目环境影响评价文件的部门在收到建设项目环境影响报告书后，除涉及国家秘密和商业秘密的事项外，应当全文公开；发现建设项目未充分征求公众意见的，应当责成建设单位征求公众意见。"

依照上述规定，在环评审批部门审批环评的过程中，如果有公众提出建设单位没有充分征求自己的意见，环评审批部门在对问题进行核实后，应当将环境影响报告书退回建设单位，责成其充分征求公众意见。

（54）对建设项目环境影响评价审批如何进行公示？

《环境影响评价公众参与暂行办法》第十三条规定："环境保护行政主管部门应当在受理建设项目环境影响报告书后，在其政府网站或者采用其他便利公众知悉的方式，公告环境影响报告书受理的有关信息。环境保护行政主管部门公告的期限不得少于10日，并确保其公开的有关信息在整个审批期限之内均处于公开状态。"该条还规定："环境保护行政主管部门在作出审批或者重新审核决定后，应当在政府网站公告审批或者审核结果。"《建设项目环境影响评价政府信息公开指南（试行）》也作了相似的规定。

根据上述规定，环境保护行政主管部门在受理建设项目环境影响评价申请后，应当有两个信息公开的时间点：一次是受理申请之后，应当公开受理情况；一次是批准或不予批准之后，应当公开审批结果。

建设项目环境影响评价申请和审批情况公示的目的是为了听取公众意

见。《环境保护法》第五十六条规定："负责审批建设项目环境影响评价文件的部门在收到建设项目环境影响报告书后，除涉及国家秘密和商业秘密的事项外，应当全文公开；发现建设项目未充分征求公众意见的，应当责成建设单位征求公众意见。"

三、需要开展环境影响评价的情形

【案例 19】

市环保局通过检查发现，辖区内存在三家典型的可能涉及环评违法的单位：

A 是一家电镀厂，以往经常出现环境违法行为，但该厂的环境影响评价文件已经通过审批。据悉，该企业卖给了张某，企业也更换了名字，但没有新建、改建和扩建行为。

B 机械厂以往所有的项目均有环评审批，目前在原来的厂区内扩建了雨水收集池，原生产车间改作仓库，但生产的性质、规模、生产工艺未发生重大变化。

C 金属有限公司反射炉的位置、规模发生重大变化，没有重新报批建设项目环境影响报告书、报告表或者登记表。环保局以此为由下达了行政处罚决定书。该公司认为，其对反射炉进行扩建、改造，是在原厂区内进行，建设项目的性质、地点均未改变，且是主动咨询、请示过环保部门后，才决定改造扩建方案；其对反射炉扩建、改造，实现了节能减排，获得省节能专项资金奖励，说明原告改扩建反射炉是为更新技术，更加环保。针对上述争议，环保局向河北马倍战律师事务所征求法律意见。

【解答与分析】

（55）企业转手但没有新、改、扩建是否需要重新报批环评？

建设项目环境影响评价，是指对建设项目实施后可能造成的环境影响进行分析、预测和评估，提出预防或者减轻不良环境影响的对策和措施，进行跟踪监测的方法与制度，也即分析项目建成投产后可能对环境产生的影响，并提出污染防治对策和措施。

建设环境影响评价针对的是建设本身，而非建设单位或项目的所有者。因此，无论建设项目的所有者发生变化，还是企业的名称发生变化，只要项目本身没有新建、改建、扩建，或者生产工艺或者防治污染的设施发生了变化，均不需要重新报批环评文件。

（56）扩大雨水收集池面积是否需要重新报批环评文件？

《环境影响评价法》第二十四条第一款规定：“建设项目的环境影响评价文件经批准后，建设项目的性质、规模、地点、采用的生产工艺或者防治污染、防止生态破坏的措施发生重大变动的，建设单位应当重新报批建设项目的环境影响评价文件。”

扩建了雨水收集池，且将原生产车间改作仓库，虽然生产性质、规模、生产工艺没有变化，但扩建雨水收集池的行为应当属于污染防治设施发生变化，该企业应当重新报批建设项目的环境影响评价文件。

（57）更加节能环保的改建项目是否需要开展环评？

一方面，《环境影响评价法》第二十四条第一款规定了建设项目的性质、规模、地点、采用的生产工艺或者防治污染、防止生态破坏的措施发生重大变动的，建设单位应当重新报批建设项目的环境影响评价文件。

另一方面，环境影响评价是分析项目建成投产后可能对环境产生的影响，并提出污染防治对策和措施的过程。并不是只以节能环保为考虑因素的。并且，《环境影响评价法》等相关法律法规并不存在以更加节能环保等为由而不进行环评的规定，故即使企业的改建项目更加节能环保，也必须开展环评。

四、对涉及环评违法行为的处理

【案例 20】

县环保局在检查时发现，某汽车 4S 店在无环评、无环保设施验收的情况下，已经营业 1 年多的时间。环保部门还发现，修理车间的地面布满了油污，其废旧机油也不知去向，修理车间外的洗车废水遍地横流。经了解，该店租用的是省农科院的科研用地，面积 5 200 多平方米，其用地手续是该店与省农科院某科研所签订的一份用地协议。经查，该店持有工商局办理的企业法人营业执照。

【解答与分析】

（58）下级部门对于上级部门审批环评的项目是否有权管理？

《环境保护法》第六十一条规定："建设单位未依法提交建设项目环境影响评价文件或者环境影响评价文件未经批准，擅自开工建设的，由负有环境保护监督管理职责的部门责令停止建设，处以罚款，并可以责令恢复原状。"

根据上述规定，发现建设单位环评违法后，对其实施处罚和监管的部门不再限于项目环评审批部门，它可能是任何"负有环境保护监督管理职责"的部门，包括项目所在地环保部门和所有的上级环保部门，还包括审批环评的环保部门或其他有权审批环评的政府行政管理部门。

（59）建设项目环评违法行为类型及相应的处理部门有哪些？

从现实情况看，建设项目中涉及环评的违法行为主要包括以下几种情形：

（一）没有环评批复开始建设。

（二）没有环评批复开始建设并投产。

（三）有环评批复但建设与批复不一致。

（四）有环评批复但批建不一且投产。

上述几种情形可能涉及“未评先建、违法排污、批建不一”三种具体环境违法行为。根据《环境保护法》《环境影响评价法》《建设项目环境保护管理条例》等法律法规的规定，有权处理的机关可能是各级环保行政管理部门，包括项目所在地环保部门和所有的上级环保部门；也可能仅仅是审批环评的环保部门或其他有权审批环评的政府行政管理部门，如海洋行政管理部门。

现根据上述情况，列表如下（打“√”者，表示存在相关违法行为）：

违法行为	未评先建	违法排污	批建不一
（一）没有环评批复开始建设	√		
（二）没有环评批复建设并投产	√	√	
（三）有环评批复但建设与批复不一致			√
（四）有环评批复但批建不一且投产		√	√
有权处理的部门	各级环保监管部门	各级环保监管部门	审批环评的行政管理部门
法律依据	《环境保护法》第六十条建设单位未依法提交建设项目环境影响评价文件或者环境影响评价文件未经准，擅自开工建的，由负有环境保护监督管理职责的部门责令停止建设，处以罚款，并可以责令恢复原状	《环境保护法》第六十条企业事业单位和其他生产经营者超过污染物排放标准或者超过重点污染物排放总量控制指标排放污染物的，县级以上人民政府环境保护主管部门可以责令其采取限制生产、停产整治等措施；情节严重的，报经有批准权的人民政府批准，责令停业、关闭	《环境影响评价法》第二十四条建设项目的环境影响评价文件经批准后，建设项目的性质、规模、地点、采用的生产工艺或者防治污染、防止生态破坏的措施发生重大变动的，建设单位应当重新报批建设项目的环境影响评价文件。第三十一条建设单位未依法重新报批环境影响评价文件，擅自开工建设的，由有权审批该项目环境影响评价文件的环境保护行政主管部门责令停止建设，限期补办手续；逾期不补办手续的，可以处五万元以上二十万元以下的罚款，对建设单位直接负责的主管人员和其他直接责任人员，依法给予行政处分

（60）对存在工商、土地等违法行为的企业应当如何处理？

环评手续及合法的用地手续属于法律法规规定的办理工商营业执照的前置审批条件，工商行政管理部门为汽车4S店办理工商营业执照是违法的。环保部门一是应当将案件移送工商管理部门，由工商部门撤销该企业的营业执照；二是将案件移送国土部门，由国土部门对企业违法用地行为进行查处；三是应当报告当地人民政府，请求纠正工商行政管理部门的违法行为，督促国土部门履行土地管理职责。

第二节　建设项目竣工环保验收

一、建设项目竣工环保验收概述

【案例21】

县环保局于2015年1月23日对某禽业专业合作社进行调查时发现，该社办理了建设环境影响审批手续，但未办理环境保护设施竣工验收手续就擅自投入了生产；同时还未采取有效防治措施，致使鸡粪废水渗漏、溢流到周边农业排灌沟渠，污染了周边环境。县环保局于26日下达了《责令改正环境违法行为的通知书》，要求其配套完善污染防治设施，进行环境保护设施竣工验收手续；停止排污，并采取有效措施消除对周边环境的污染。

【解答与分析】

（61）建设项目竣工环境保护验收的依据是什么？

《建设项目环境保护管理条例》第二十条第一款规定：“建设项目竣工后，建设单位应当向审批该建设项目环境影响报告书、环境影响报告表或者环境影响登记表的环境保护行政主管部门，申请该建设项目需要配套建设的环境保护设施竣工验收。环境保护设施竣工验收，应当与主体工程竣工验收同时进行。需要进行试生产的建设项目，建设单位应当自建设项目投入试生产之日起 3 个月内，向审批该建设项目环境影响报告书、环境影响报告表或者环境影响登记表的环境保护行政主管部门，申请该建设项目需要配套建设的环境保护设施竣工验收。”第二十一条规定：“分期建设、分期投入生产或者使用的建设项目，其相应的环境保护设施应当分期验收。”第二十二条规定：“环境保护行政主管部门应当自收到环境保护设施竣工验收申请之日起 30 日内，完成验收。”第二十三条规定：“建设项目需要配套建设的环境保护设施经验收合格，该建设项目方可正式投入生产或者使用。”

（62）建设项目竣工环境保护验收的范围是什么？

《建设项目竣工环境保护验收管理办法》第四条规定：“建设项目竣工环境保护验收范围包括：（一）与建设项目有关的各项环境保护设施，包括为防治污染和保护环境所建成或配备的工程、设备、装置和监测手段，各项生态保护设施；（二）环境影响报告书（表）或者环境影响登记表和有关项目设计文件规定应采取的其他各项环境保护措施。”

（63）环保部门如何对建设项目竣工环保验收分级管理？

《建设项目竣工环境保护验收管理办法》第五条规定，“国务院环境保护行政主管部门负责制定建设项目竣工环境保护验收管理规范，指导并监督地方人民政府环境保护行政主管部门的建设项目竣工环境保护验收工作，并负责对其审批的环境影响报告书（表）或者环境影响登记表的建设项目竣工环境保护验收工作。县级以上地方人民政府环境保护行政主管部门按照环境影响报告书（表）或环境影响登记表的审批权限负责建设项目竣工环境保护验收。”第七条规定，“对国务院环境保护行政主管部门审批环境影响报告书（表）或环境影响登记表的非核设施建设项目，由建设项目所在地省、自治区、直辖市人民政府环境保护行政主管部门负责受理其试生产申请，并将其审查决定报送国务院环境保护行政主管部门备案。核设施建设项目试运行前，建设单位应向国务院环境保护行政主管部门报批首次装料阶段的环境影响报告书，经批准后，方可进行试运行。”

二、建设项目竣工环保验收的要求

【案例22】

某化工企业在建设之前依照法律规定委托有资质的环评机构编制了环境影响报告书，并通过了环境保护行政主管部门的审批。建设完成，并经审批试生产两个月后，该厂向环评审批部门提出了竣工环境保护验收。验收组在验收过程中发现，该厂防护距离内有在建的生活小区。环评审批部门查明，该化工企业在当初开展环评时，防护距离内并没有在建的生活小区，且涉案小区没有办理环评手续。

环保部门对于该项目是否符合竣工验收的条件产生疑问，于是向河北马倍战律师事务所征求意见。

【解答与分析】

（64）**建设项目竣工环境保护验收的验收条件是什么？**

根据《建设项目竣工环境保护验收管理办法》第十六条的规定，建设项目竣工环境保护验收条件是：

（一）建设前期环境保护审查、审批手续完备，技术资料与环境保护档案资料齐全；

（二）环境保护设施及其他措施等已按批准的环境影响报告书（表）或者环境影响登记表和设计文件的要求建成或者落实，环境保护设施经负荷试车检测合格，其防治污染能力适应主体工程的需要；

（三）环境保护设施安装质量符合国家和有关部门颁发的专业工程验收规范、规程和检验评定标准；

（四）具备环境保护设施正常运转的条件，包括：经培训合格的操作人员、健全的岗位操作规程及相应的规章制度，原料、动力供应落实，符合交付使用的其他要求；

（五）污染物排放符合环境影响报告书（表）或者环境影响登记表和设计文件中提出的标准及核定的污染物排放总量控制指标的要求；

（六）各项生态保护措施按环境影响报告书（表）规定的要求落实，建设项目建设过程中受到破坏并可恢复的环境已按规定采取了恢复措施；

（七）环境监测项目、点位、机构设置及人员配备，符合环境影响报告书（表）和有关规定的要求；

（八）环境影响报告书（表）提出需对环境保护敏感点进行环境影响验证，对清洁生产进行指标考核，对施工期环境保护措施落实情况进行工程环境监理的，已按规定要求完成；

（九）环境影响报告书（表）要求建设单位采取措施削减其他设施污染物排放，或要求建设项目所在地地方政府或者有关部门采取“区域削减”措施满足污染物排放总量控制要求的，其相应措施得到落实。

（65）项目环保竣工验收之前有人提出异议如何处理？

国家对建设项目竣工环境保护验收实行公告制度，以征求当地公众的意见和建议；在公示期间要设立举报受理电话并有专人值班，同时设立公示意见箱和电子信箱。

在公示期间收到异议，应该按照以下方法处理：

（一）对反映的问题应及时调查核实，提出处理意见，并尽快向反映问题的人员、单位进行反馈。

（二）公示期间反映的问题经查实后作为验收审批的依据。

（66）验收项目防护距离内出现新建项目影响竣工验收吗？

企业的环评文件通过审批后，只要该企业严格按照当时批准的环评文件进行建设，设立的防治污染设施达到了预期效果，就应当批准企业的竣工环境保护验收申请。

审批部门对建设项目进行竣工验收的目的有二：一是检查申请人是否按照审批人当时批准的环境影响评价文件进行建设；二是查验当时设计的防治污染设施是否能够达到环境保护的目的。只要做到上述两点，企业的行为就是合法的。不能因为他人的违法行为，而让企业的合法权益受到影响。

三、建设项目竣工环保验收试生产

【案例23】

某酒吧于2014年9月24日在区环境保护局办理了建设项目环境保护审批手续，环保批复要求酒吧在项目建成后试生产3个月内必须到区环境保护局办理环保设施竣工验收手续，验收合格后方可投入生产。酒吧于2014年12月底申请试生产，并经审批同意后投入试生产至今一直未向区环境保护局申请环境保护设施竣工验收。2015年4月6日，区环境保护局执法人员现场检查发现酒吧存在“逾期未申请环境保护设施竣工验收手续”的违法行为。

【解答与分析】

(67) 环保部门审批建设项目试生产属于行政审批吗?

行政审批是指行政机关（包括有行政审批权的其他组织）根据自然人、法人或者其他组织提出的申请，经过依法审查，采取“批准”、“同意”、“年检”发放证照等方式，准予其从事特定活动、认可其资格资质、确认特定民事关系或者特定民事权利能力和行为能力的行为。行政审批是行政审核和行政批准的合称。行政审核又称行政认可，其实质是行政机关对行政相对人行为合法性、真实性进行审查、认可，实践中经常表现为盖公章；行政批准又称行政许可，其实质是行政主体同意特定相对人取得某种法律资格或实施某种行为，实践中表现为许可证的发放。

《建设项目竣工环境保护验收管理办法》第六条规定："建设项目的主体工程完工后，其配套建设的环境保护设施必须与主体工程同时投入生产或者运行。需要进行试生产的，其配套建设的环境保护设施必须与主体工程同时投入试运行。"第七条规定："建设项目试生产前，建设单位应向有审批权的环境保护行政主管部门提出试生产申请。"第八条规定："环境保护行政主管部门应自接到试生产申请之日起30日内，组织或委托下一级环境保护行政主管部门对申请试生产的建设项目环境保护设施及其他环境保护措施的落实情况进行现场检查，并做出审查决定。对环境保护设施已建成及其他环境保护措施已按规定要求落实的，同意试生产申请；对环境保护设施或其他环境保护措施未按规定建成或落实的，不予同意，并说明理由。逾期未做出决定的，视为同意。试生产申请经环境保护行政主管部门同意后，建设单位方可进行试生产。"

根据上述规定，需要进行试生产的建设项目，需要向有审批权的环保部门提出试生产申请，由相关环保部门进行现场检查，并作出审查决定，同意或不同意其进行试生产。因此，环保部门审批建设项目试生产属于行政审批。

（68）环评、试生产与竣工环保验收、"三同时"是什么关系？

（一）建设项目的环境影响评价是指一定区域内进行规划或开发建设活动，事先对拟建设项目实施后可能对周围环境造成的影响进行调查、分析、预测和评估，并提出预防或者减轻不良环境影响的对策和措施，为项目决策提供科学依据的制度。根据对周围环境可能造成影响的程度，建设项目的环境影响评价文件包括环境影响报告书、环境影响报告表和环境影响登记表。

可见，环评是在项目建设之前需要开展的活动。

（二）试生产和竣工环保验收

《建设项目环境保护管理条例》第二十条规定："建设项目竣工后，建设单位应当向审批该建设项目环境影响报告书、环境影响报告表或者环境影响登记表的环境保护行政主管部门，申请该建设项目需要配套建设的环境保护设施竣工验收。环境保护设施竣工验收，应当与主体工程竣工验收同时进行。需要进行试生产的建设项目，建设单位应当自建设项目投入试生产之日起 3 个月内，向审批该建设项目环境影响报告书、环境影响报告表或者环境影响登记表的环境保护行政主管部门，申请该建设项目需要配套建设的环境保护设施竣工验收。”

建设项目的竣工环保验收是项目建设过程对该项目环评文件中提出的环境保护设施的落实情况（技术，设备，能力），试运行的能力和效果能否满足要求，对环境的影响是否符合环评报告中的预测结论，以及有关建议的处理情况。而对于需要试生产的建设项目，需要在投入试生产的 3 个月内，申请环保竣工验收。

因此，环评文件是建设项目竣工环保验收的依据，试生产是某些建设项目竣工环保验收的前置程序。

（三）“三同时”制度

《环境保护法》第四十一条规定：“建设项目中防治污染的设施，应当与主体工程同时设计、同时施工、同时投产使用。防治污染的设施应当符合经批准的环境影响评价文件的要求，不得擅自拆除或者闲置。”

“三同时”制度的具体内容有：第一，建设项目的初步设计，应当按照环境保护设计规范的要求，编制环境保护篇章，并依据经批准的建设项目环境影响报告书或者环境影响报告表，在环境保护篇章中落实防治环境污染和生态破坏的措施以及环境保护设施投资概算；第二，建设项目的主体工程完工后，需要进行试生产的，其配套建设的环境保护设施必须与主体工程同时投入试运行；第三，建设项目试生产期间，建设单位应当对环境保护设施运行情况和建设项目对环境的影响进行监测；第四，建设项目竣工后，建设单位应当向审批该建设项目环境影响报告书、环境影响报告表或者环境影响登记表的环境保护行政主管部门，申请该建设项目需要配套建设的环境保护设施竣工验收；第五，分期建设、分期投入生产或者使用的建设项目，其相应的环境保护设施应当分期验收；第六，环境保护行政主管部门应当自收到环境保护设施竣工验收申请之日起30日内，完成验收；第七，建设项目需要配套建设的环境保护设施经验收合格，该建设项目方可正式投入生产或者使用。

因此，“三同时”制度是贯穿建设项目的的设计、施工、投产使用的全过程的，也贯穿了环评、试生产和竣工环保验收的过程。

（69）法律对于试生产的期限是如何规定的？

（一）环保部门对试生产申请的审批时间

环境保护行政主管部门应自接到试生产申请之日起30日内，组织或委托下一级环境保护行政主管部门对申请试生产的建设项目环境保护设施及其他环境保护措施的落实情况进行现场检查，并做出审查决定。

对环境保护设施已建成及其他环境保护措施已按规定要求落实的，同意试生产申请；对环境保护设施或其他环境保护措施未按规定建成或落实的，不予同意，并说明理由。逾期未做出决定的，视为同意。

试生产申请经环境保护行政主管部门同意后，建设单位方可进行试生产。

（二）试生产的期限

需要进行试生产的建设项目，建设单位应当自建设项目投入试生产之日起3个月内，向审批该建设项目环境影响报告书、环境影响报告表或者环境影响登记表的环境保护行政主管部门，申请该建设项目需要配套建设的环境保护设施竣工验收。

（三）试生产的最长期限

对试生产3个月确不具备环境保护验收条件的建设项目，建设单位应当在试生产的3个月内，向有审批权的环境环境保护行政主管部门提出该建设项目环境保护延期验收申请，说明延期验收的理由及拟进行验收的时间。经批准后建设单位方可继续进行试生产。试生产的期限最长不超过一年。核设施建设项目试生产的期限最长不超过二年。

四、建设项目竣工环保验收法律责任

【案例 24】

2012 年 3 月 20 日，区环境保护局环境监督股原股长陈某代表本区环保局参加某公司建设项目环保验收工作，未能正确履行工作职责，没有及时发现厂内进行生产设施改造、私设偷排暗管等情况，给违法偷排废水埋下了隐患。该公司建设项目竣工通过环保验收后，将厂房转租他人生产，相关经营者违规偷排含铅污水至河流，造成重大环境污染事故。2013 年 12 月被区人民法院以玩忽职守罪，判处有期徒刑二年。

【解答与分析】

（70）如何处罚未经竣工环保验收或者验收不合格而投产的行为？

根据《建设项目竣工环境保护验收管理办法》第二十三条的规定，建设项目需要配套建设的环境保护设施未建成，未经建设项目竣工环境保护验收或者验收不合格，主体工程正式投入生产或者使用的，由有审批权的环境保护行政主管部门依照《建设项目环境保护管理条例》第二十八条的规定责令停止生产或者使用，可以处 10 万元以下的罚款。

《建设项目环境保护管理条例》第二十八条规定：“建设项目需要配套建设的环境保护设施未建成、未经验收或者经验收不合格，主体工程正式投入生产或者使用的，由审批该建设项目环境影响报告书、环境影响报告表或者环境影响登记表的环境保护行政主管部门责令停止生产或者使用，可以处 10 万元以下的罚款。”

（71）如何处罚建设单位在建设项目竣工环保验收中的其他违法行为？

《建设项目竣工环境保护验收管理办法》第二十一条规定：“试生产建设项目配套建设的环境保护设施未与主体工程同时投入试运行的，由有审批权的环境保护行政主管部门依照《建设项目环境保护管理条例》第二十六条的规定，责令限期改正；逾期不改正的，责令停止试生产，可以处 5 万元以下罚款。”

《建设项目环境保护管理条例》第二十六条规定：“试生产建设项目配套建设的环境保护设施未与主体工程同时投入试运行的，由审批该建设项目环境影响报告书、环境影响报告表或者环境影响登记表的环境保护行政主管部门责令限期改正；逾期不改正的，责令停止试生产，可以处 5 万元以下的罚款。”

《建设项目竣工环境保护验收管理办法》第二十二条规定：“建设项目投入试生产超过 3 个月，建设单位未申请建设项目竣工环境保护验收或者延期验收的，由有审批权的环境保护行政主管部门依照《建设项目环境保护管理条例》第二十七条的规定责令限期办理环境保护验收手续；逾期未办理的，责令停止试生产，可以处 5 万元以下罚款。”

《建设项目环境保护管理条例》第二十七条规定：“建设项目投入试生产超过 3 个月，建设单位未申请环境保护设施竣工验收的，由审批该建设项目环境影响报告书、环境影响报告表或者环境影响登记表的环境保护行政主管部门责令限期办理环境保护设施竣工验收手续；逾期未办理的，责令停止试生产，可以处 5 万元以下的罚款。”

根据上述规定，建设单位还存在两种主要责任：（一）试生产建设项目配套建设的环境保护设施未与主体工程同时投入试运行的，由环保部门责令限期改正；逾期不改正的，责令停止试生产，可以处 5 万元以下罚款；（二）建设项目投入试生产超过 3 个月，建设单位未申请环境保护设施竣工验收的，由环保部门责令限期办理环境保护设施竣工验收手续；逾期未办理的，责令停止试生产，可以处 5 万元以下的罚款。

（72）环保部门在建设项目竣工环保验收中可能承担哪些法律责任？

《建设项目竣工环境保护验收管理办法》第二十五条规定：“环境保护行

政主管部门的工作人员在建设项目竣工环境保护验收工作中徇私舞弊，滥用职权，玩忽职守，构成犯罪的，依法追究刑事责任；尚不构成犯罪的，依法给予行政处分。”

《建设项目环境保护管理条例》第三十条规定：“环境保护行政主管部门的工作人员徇私舞弊、滥用职权、玩忽职守，构成犯罪的，依法追究刑事责任；尚不构成犯罪的，依法给予行政处分。”

根据上述规定，环境保护行政主管部门的工作人员在建设项目竣工环境保护验收工作中如有违法行为，根据违法行为的情节轻重可能受到行政处分或者被追究刑事责任。

第三节　排污许可证的办理

一、排污许可证制度概述

【案例 25】

2015 年 4 月 10 日，环保局对某防水材料有限公司进行现场检查时，发现其未取得有效排污许可证，生产废气直排外环境。次日，环保局向其送达了《行政处罚事先告知书》《行政处罚听证告知书》。2015 年 7 月 10 日，环保局作出《行政处罚决定书》，对该公司罚款 5 万元。

【解答与分析】

（73）排污许可证制度的适用范围是什么？

目前，我国主要是对水污染和大气污染物实行排污许可管理制度，不是对所有的污染物排放都实行排污许可管理制度。

《环境保护法》第四十五条第一款明确规定：“国家依照法律规定实行排污许可管理制度”。意思是在哪些领域实施排污许可，由法律规定。《大气污染防治法》和《水污染防治法》都明确了排污许可证制度。河北省达标排污许可管理办法（试行）》规定实行排污许可证管理的排污单位为：

（一） 排放大气污染物（不含机动车、铁路机车、船舶、航空器等移动污染源排放大气污染物）的；

（二） 排放工业废水、医疗污水和餐饮污水的；

（三） 集中处理生活污水、工业废水的；

（四）从事畜禽养殖达到省政府确定规模标准的。

（74）目前有无全国性的排污许可管理法律法规？

2008 年 1 月 9 日，国家环境保护总局在其官方网站上发布了《排污许可证管理条例》（征求意见稿）；2014 年 11 月 27 日，环保部在其官方网站上发布了《排污许可证管理暂行办法》（征求意见稿），之后尚无下文。

虽然目前并没有全国性的排污许可证制度管理的规范性文件，但是许多地区出台了地方性的管理办法或实施细则，来规范排污许可证管理制度。比如，河北省以政府令的形式，于 2014 年 12 月 4 日发布了《河北省达标排污许可管理办法（试行）》，于 2015 年 3 月 1 日实行。该办法主要明确了发放排污许可证的条件和程序及法律责任等。

（75）排污许可证管理制度的核心是什么？

排污许可证管理制度的核心是将污染者应当遵守的有关国家环境保护方面的法律、法规、政策、标准、总量控制目标和环境保护技术规范等方面的要求具体化，有针对性地、具体地、集中地规定在每个排污者的排污许可证上，约束排污者的排污行为，要求其必须持证排污、按证排污。

要实施好这一制度，还需要制定排污许可证管理制度，对排污许可证发证范围、许可内容、排污量的核定、发证后的监督、排污许可证管理制度与其他环境管理制度的有效衔接等方面作出详细规定。

二、对排污许可证的管理

【案例 26】

新《环境保护法》实行后，某省的《排污许可证管理办法》经过修改后实行。该《办法》规定，凡是排放大气污染物、工业废水、医疗污水和餐饮污水的企事业单位，都应当持有排污许可证排污。某县环保局经过对本县的排污单位梳理发现，90%以上的小微生产经营单位均没有持有排污许可证排污。县环保局打算为这类排污单位办理排污许可证，但是办理排污许可证的条件很高，其中一个硬性条件是“建设项目环境影响评价文件经有审批权的环境保护主管部门批准，或者建设项目已经依照国家、本省有关规定在环境保护主管部门备案”，要想达到非常不易。

为此，县环保局委托河北马倍战律师事务所出具法律意见。

【解答与分析】

（76）为企业发放排污许可证的一般条件是什么？

因全国没有统一的排污许可管理法规，各地发放排污许可证的条件不尽相同。一般来说，排污单位应当符合以下条件：

（一）生产及污染治理设施符合建设项目环境保护法律法规的规定；

（二）已履行排污申报登记义务；

（三）排污口经规范化整治；

（四）达到国家或者地方的污染物排放标准的要求；

（五）设区的市级以上环境保护部门确定的重点污染源，对实施总量控制的污染物已采取削减措施，并按要求安装在线自动监控设施；

（六）环境保护部门已核定其污染物排放数量，且申请排放量在环境保护部门核定的数量之内；

（七）法律法规规定的其他条件。

(77) 仅仅产生噪声的企业应当实行排污许可证管理吗?

《排污许可证管理条例》(征求意见稿) 中规定, 国家对在生产经营过程中排放废气、废水、产生环境噪声污染和固体废物的行为实行许可证管理。下列在行政区域内直接或间接向环境排放污染物的企业事业单位、个体工商户(以下简称排污者), 应按照本条例的规定申请领取排污许可证: ……(三)在工业生产中因使用固定的设备产生环境噪声污染的, 或者在城市市区噪声敏感建筑物集中区域内因商业经营活动中使用固定设备产生环境噪声污染的……但是此《排污许可证管理条例》(征求意见稿) 一直未正式颁布实施。

《环境噪声污染防治法》亦没有关于噪声污染要发放排污许可证的制度规定。只有第十三条第二款规定: “建设项目可能产生环境噪声污染的, 建设单位必须提出环境影响报告书, 规定环境噪声污染的防治措施, 并按照国家规定的程序报环境保护行政主管部门批准。”

因此, 目前并没有全国性的关于对产生噪声发放噪声排污许可证的规定。

在地方性规定方面,《河北省排放污染物许可证管理办法》(试行) 第二条规定: “本办法适用于本省行政区域内所有直接或间接向环境排放水、气污染物的企事业单位(以下简称排污单位)。” 第三条规定: “所有的排污单位, 应依照本办法向环境保护行政主管部门申请排放污染物许可证(以下简称排污许可证), 禁止无证排污。” 因此, 河北的排污许可证管理制度也只是针对水污染和大气污染, 并无对仅产生噪声的企业实行排污许可证管理的制度规定。

(78) 环保部门内部如何对排污许可证进行管理?

(一) 明确管理机构。环境部门应当明确负责该项工作的内部机构。一般来说, 该项工作由内部的总量部门负责。

(二) 严格审批期限。排污许可证的发放是行政许可事项, 环保部门应当在审批期限内完成, 避免渎职行为发生。

（三）明确审批权限。环保部门应当根据地方性法规和部门规章的规定，明确排污许可证审批的层级权限，避免互相推脱责任。

（四）规范证照内容。要根据法律法规的要求，在排污许可证上载明必须载明的内容和指标，使排污许可证达到规范排污的效果。

（五）建立管理档案。通过排污许可证的管理档案，可以了解排污单位的排污许可证发放情况，并可以确定审批人的法律责任。

三、排污许可证与行政拘留

【案例 27】

2015 年 1 月，县环保局在对某化肥有限公司进行现场检查时，发现其未取得有效排污许可证，生产废气直接排放到环境。在送达了《行政处罚事先告知书》《行政处罚听证告知书》后，环保局按规定作出《行政处罚决定书》，责令其停止排污，并对化肥有限公司罚款伍万元。之后，环保局再次进行检查时，发现该公司在未取得排污许可证的情况下仍然在排污。在环保局拟将案件移交公安机关，对相关负责人实施行政拘留时，公司辩称，其已经申请领取了排污许可证，下周就可拿到，环保部门不应当对其进行处罚。

为此，县环保局向河北马倍战律师事务所征求法律意见。

【解答与分析】

（79）对无证排污情形进行认定有何意义？

对无证排污情形进行认定主要有以下两方面意义：

（一）对排污许可证制度的维护。排污许可证制度是以改善环境质量为目标，以污染物总量控制为基础，规定排污单位许可排放什么污染物、许可污染物排放量、许可污染物排放去向等的一项行政管理制度，是对排污者排污的定量化，是对重点区域、重点污染源单位的主要污染物排放实行的定量化管理手段。无证排污的情形，是对排污许可证制度的违反。因此，对无证排污情形的认定，明确什么是无排污许可证而进行排污的行为，从侧面维护了排污许可证制度，保障了排污许可证制度的实施。

（二）为环保部门对无证排污的情形进行处罚提供了基础和依据。环保部门在对违法行为进行处罚时，需要运用司法三段论，以法律规范作为大前提，结合具体案件事实的小前提，作出处罚结论。对无证排污情形进行认定，正是环保部门作出处罚结论的前提，也为环保部门适用法律法规提供了合法的依据。

（80）移送无证排污行政拘留案件需要提交哪些材料？

案件移送部门应当向公安机关移送的案卷材料有：

（一）移送材料清单；

（二）案件移送书；

（三）案件调查报告；

（四）涉案证据材料；

（五）涉案物品清单；

（六）行政执法部门的处罚决定等相关材料；

（七）其他有关涉案材料等。

案件移送部门向公安机关移送的案卷材料应当为原件，移送前应当将案卷材料复印备查。案件移送部门对移送材料的真实性、合法性负责。

（81）申领排污许可证期间排污是否可认定为无证排污？

《环境保护法》第四十五条规定：“国家依照法律规定实行排污许可管理制度。实行排污许可管理的企业事业单位和其他生产经营者应当按照排污许可证的要求排放污染物；未取得排污许可证的，不得排放污染物。”

排污单位在申请领取排污许可证期间是还没有取得排污许可证的，而根据上述规定，没有取得排污许可证也就意味着不能排放污染物，如果单位进行了排污，就属于没有排污许可证而进行排污的情形，也即无证排污。

综上，排污单位在申领排污许可证期间排污应当认定为无证排污。

四、排污许可管理法律责任

【案例28】

某水泥预制件企业排放的污染物主要是粉尘和噪声。该企业曾经两次向所在的区环保局书面申请发放排污许可证，区环保局均不予受理。后来，区环保局发现该企业无证排污，还被群众投诉，遂以无证排污为由对该企业实施了2万元罚款的行政处罚。在该企业第三次申请后，区环保局向该企业核发了排污许可证，格式是：单位名称：某水泥预制件有限公司；法定代表人：张某；排污种类：粉尘、噪声；有效期限：2年；落款：区环保局和日期。

【解答与分析】

（82）环保部门对排污许可申请不予受理有何法律风险？

办理排污许可证，既是环保部门的一项行政权力，也是环保部门的一项职责，环保部门应当认真履行。对于行政相对人的书面申请，环保部门不应不予受理，应当在受理后依照法律规定作出相应的行政行为。对行政相对人的行政请求置之不理，可能面临被追究渎职责任以及被行政相对人提起行政复议或行政诉讼的风险。

（83）环保部门如何解决“多数单位无排污许可证经营”的问题？

造成“多数单位无排污许可证经营”的状况，有两方面的原因：

一是法律中规定的标准太高。一部法律施行之后，如果法律所涉及的大部分人或单位都处于违法状态，说明这部法律中规定的标准脱离了实际。法律规定的标准应当让大部分人都能达到。

二是环保部门服务社会心态缺乏。行政机关应当以“为生产经营者提供服务”为己任，主动为排污单位提供服务，不应放任多数单位违法经营。政府和环境部门更应当有这种心态。

三是环保部门对违法单位处罚不够。因为没有排污许可证排污不会受到任何处罚，排污单位就没有办理排污许可证的动力。对无证排污单位怠于处罚，是排污单位普遍违法的重要原因。

基于上述原因，环保部门解决“多数单位无排污许可证经营”的方法是：向省人大等机关提出建议，要求降低标准；增强环保部门服务社会的心态，主动办理排污许可证；加重对无证排污单位的行政处罚。

（84）对水泥预制件企业的违法行为进行处罚是否有法律依据？

行政相对人多次书面申请排污许可证，但环保部门均不予受理，环保部门的这种行为显然是违法的。但是，环保部门的违法行为并不能成为行政相对人实施违法行为的理由。

因此，环保部门对行政相对人实施处罚的行为是正确的。行政相对人如果认为自己的权利受到损害，可通过法律途径进行救济。

第四节　其他环境行政许可

一、医疗废物经营许可

【案例 29】

区环保局与区公安分局在全区污染源大检查大整治联合执法中发现，某村一废品收购站内医疗废物随意堆放，现场污水横流。经检查，该废品收购站负责人郑某在没有具备医疗废物经营许可证的情况下，从多地医院和诊所收集使用过的塑料制输液袋、玻璃瓶、输液管、医用针头、棉球等医疗废物并进行处置。

区环保局对郑某未办理环境影响评价手续，未建成需要配套建设的环保设施从事废品收集作业，且在无危险废物经营许可证的情况下进行医疗废物收集的违法行为进行了立案查处，并根据相关规定，将此案移交至区公安分局。区公安分局根据相关规定，对郑某作出行政拘留 5 天的处罚决定。

【解答与分析】

（85）环保部门有权发放医疗废物经营许可证吗？

《医疗废物管理条例》第二十二条规定："从事医疗废物集中处置活动的单位，应当向县级以上人民政府环境保护行政主管部门申请领取经营许可证；未取得经营许可证的单位，不得从事有关医疗废物集中处置的活动。"

根据上述规定，医疗废物经营许可证的审批单位是县级以上人民政府环境保护行政主管部门。

（86）医疗废物集中处置单位应当符合哪些条件？

《医疗废物管理条例》第二十三条规定，医疗废物集中处置单位，应当符合下列条件：

（一）具有符合环境保护和卫生要求的医疗废物贮存、处置设施或者设备；

（二）具有经过培训的技术人员以及相应的技术工人；

（三）具有负责医疗废物处置效果检测、评价工作的机构和人员；

（四）具有保证医疗废物安全处置的规章制度。

第二十四条规定："医疗废物集中处置单位的贮存、处置设施，应当远离居（村）民居住区、水源保护区和交通干道，与工厂、企业等工作场所有适当的安全防护距离，并符合国务院环境保护行政主管部门的规定。"

（87）相关主管部门履行监督检查职责时有权采取哪些措施？

《医疗废物管理条例》第三十九条规定，卫生行政主管部门、环境保护行政主管部门履行监督检查职责时，有权采取下列措施：

（一）对有关单位进行实地检查，了解情况，现场监测，调查取证；

（二）查阅或者复制医疗废物管理的有关资料，采集样品；

（三）责令违反本条例规定的单位和个人停止违法行为；

（四）查封或者暂扣涉嫌违反本条例规定的场所、设备、运输工具和物品；

（五）对违反本条例规定的行为进行查处。

二、污防设施关闭、闲置、拆除批准

【案例 30】

2014 年 5 月 14 日，区环境监察大队依法对某旅游开发有限公司温泉项目进行现场检查，发现该项目正在营业，污水处理设施和燃煤锅炉废气脱硫除尘设施闲置，未向环境保护局报告，污水未经处理直排景观池，废气直接排放进入大气环境。

2014 年 5 月 22 日，市环境保护局区环保分局作出责令改正违法行为决定书，认定旅游开发有限公司擅自闲置污水处理设施、擅自闲置废气处理设施、久试不验、拒绝进行排污申报、越域排放污水口未规范，责令其在 2014 年 6 月 10 日限期整改。由于旅游开发有限公司未整改，市环保局于 2014 年 8 月 9 日向送达《行政处罚事先（听证）告知书》，被申请人未申请听证，环保局于 2015 年 1 月 22 日作出行政处罚决定书。处罚内容是：（一）责令被申请人立即改正停止违法行为，即立即停止运营，在通过验收之前，不得擅自恢复运营；（二）罚款人民币 18 万元。

【解答与分析】

（88）对污防设施的关闭、闲置或拆除批准有何法律依据？

《环境保护法》第四十一条规定，“防治污染的设施应当符合经批准的环境影响评价文件的要求，不得擅自拆除或者闲置。”

《水污染防治法》第二十一条第二款规定，“企业事业单位和个体工商户排放水污染物的种类、数量和浓度有重大改变的，应当及时申报登记；其水污染物处理设施应当保持正常使用；拆除或者闲置水污染物处理设施的，应当事先报县级以上地方人民政府环境保护主管部门批准。”

《环境噪声污染防治法》第十五条规定，“产生环境噪声污染的企业事业单位，必须保持防治环境噪声污染的设施的正常使用；拆除或者闲置环境噪声污染防治设施的，必须事先报经所在地的县级以上地方人民政府环境保护行政主管部门批准。”

《固体废物污染环境防治法》第三十四条规定，“禁止擅自关闭、闲置或者拆除工业固体废物污染环境防治设施、场所；确有必要关闭、闲置或者拆除的，必须经所在地县级以上地方人民政府环境保护行政主管部门核准，并采取措施，防止污染环境。”

（89）对污防设施关闭、闲置或拆除批准的条件是什么？

首先，要看其提交的材料是否齐全：

（一）排污单位提交书面申请，设施停运要说明停运理由、停运时间、污染物排放状况、停运期间应急防治措施等内容；

（二）设施拆除、闲置的，要说明理由；

（三）设施改造、更新的要提交更新方案。

其次，要审查其原因是否真实：

（一）污染防治设施的处理能力或效果不能满足治理要求，需要在原址改变治理工艺或处理能力建设；

（二）污染防治设施运转正常，由于企业改造或扩建等需要重新建设；

（三）污染防治设施已被其他设施替代；

（四）特殊情况需要拆除、闲置污染防治设施。

最后，要看其是否符合下列条件：

（一）生产工艺变动或者生产结构调整，污染物排放不经该污染处理设施的处理即可达到国家和地方规定排放标准的；

（二）以新的污染防治设施替代原有污染防治设施的；

（三）必须停用污染防治设施的。

（90）对污防设施关闭、闲置或拆除批准的期限是多久？

目前，尚无专门的法律对污防设施关闭、闲置或拆除的批准期限作出规定，因此该期限应当使用《行政许可法》第四十二条的规定："除可以当场作出行政许可决定的外，行政机关应当自受理行政许可申请之日起二十日内作出行政许可决定。二十日内不能作出决定的，经本行政机关负责人批准，可以延长十日，并应当将延长期限的理由告知申请人。但是，法律、法规另有规定的，依照其规定。"

三、辐射安全许可证办理

【案例 31】

某街道社区卫生服务中心在使用一台 X 光机从事放射医疗诊断工作，未依法向环保部门申请领取《辐射安全许可证》。在环保部门下达《环境违法行为限期改正通知书》后仍未改正。市环境保护局于 2010 年 9 月 13 日对街道社区卫生服务中心作出行政处罚决定：（一）罚款 10 000 元；（二）责令立即改正违法行为，补办许可证。

【解答与分析】

（91）辐射安全许可证行政审批依据什么法律规定？

辐射安全行政许可行政审批的法律依据有：

《放射性污染防治法》第二十八条第一款规定：生产、销售、使用放射性同位素和射线装置的单位，应当按照国务院有关放射性同位素与射线装置放射防护的规定申请领取许可证，办理登记手续。

《放射性污染防治法》第五条规定：生产、销售、使用放射性同位素和射线装置的单位，应当依照本章规定取得许可证。

（92）环保部门如何对辐射安全许可证实行分级管理？

《放射性污染防治法》第六条规定：

除医疗使用Ⅰ类放射源、制备正电子发射计算机断层扫描用放射性药物自用的单位外，生产放射性同位素、销售和使用Ⅰ类放射源、销售和使用Ⅰ类射线装置的单位的许可证，由国务院环境保护主管部门审批颁发。

前款规定之外的单位的许可证，由省、自治区、直辖市人民政府环境保护主管部门审批颁发。

国务院环境保护主管部门向生产放射性同位素的单位颁发许可证前，应当将申请材料印送其行业主管部门征求意见。

环境保护主管部门应当将审批颁发许可证的情况通报同级公安部门、卫生主管部门。

（93）批准辐射安全许可证应当符合什么条件？

《放射性污染防治法》第七条规定，生产、销售、使用放射性同位素和射线装置的单位申请领取许可证，应当具备下列条件：

（一）有与所从事的生产、销售、使用活动规模相适应的，具备相应专业知识和防护知识及健康条件的专业技术人员；

（二）有符合国家环境保护标准、职业卫生标准和安全防护要求的场所、设施和设备；

（三）有专门的安全和防护管理机构或者专职、兼职安全和防护管理人员，并配备必要的防护用品和监测仪器；

（四）有健全的安全和防护管理规章制度、辐射事故应急措施；

（五）产生放射性废气、废液、固体废物的，具有确保放射性废气、废液、固体废物达标排放的处理能力或者可行的处理方案。

四、危险废物经营许可

【案例 32】

法庭审理查明：2009 年 5 月至 2010 年 4 月期间，被告人陆某、罗某在负责某医院的生活垃圾及医疗废物过程中，违反国家医疗废物管理法规，多次从医院废物储存间将一次性输液器、线袋、注射器及其他塑料废弃品等医疗废物共计 31.8 吨私自运出进行囤积，并先后卖给收购塑料废品的被告人蔡某、高某夫妇 13.4 吨，卖给被告人王某、韦某夫妇 18.4 吨。收购废弃物品后，几名被告人将医疗废弃物长期堆放于出租房、简陋的大棚内及门前的空地上，同时，对医疗废弃物进行分类、加工，对公共安全造成了严重威胁。

法院审理认定：被告人陆某、罗某以牟利为目的，非法买卖危险物质危害公共安全的行为构成非法买卖危险物质罪。被告人蔡某、高某、王某在未取得危险废物经营许可证的情况下，非法经营、储存危险物质的行为构成非法储存危险物质罪。

法庭分别以非法买卖（储存）危险物质罪对被告人陆某、罗某等 5 人分别判处 4 年至 1 年不等有期徒刑。

【解答与分析】

（94）审批危险废物经营依据什么法律规定？

《固体废物污染环境防治法》第八十八条第四项规定，“危险废物，是指列入国家危险废物名录或者根据国家规定的危险废物鉴别标准和鉴别方法认定的具有危险特性的固体废物。”

《危险废物经营许可证管理办法》第二条规定，“在境内从事危险废物收集、贮存、处置经营活动的单位，应当依照本办法的规定，领取危险废物经营许可证。”

《危险废物经营许可证管理办法》第四条规定：“县级以上人民政府环境

保护主管部门依照本办法的规定，负责危险废物经营许可证的审批颁发与监督管理工作。”

（95）法律如何规定危险废物经营许可证的经营范围？

《危险废物经营许可证管理办法》第三条规定：

危险废物经营许可证按照经营方式，分为危险废物收集、贮存、处置综合经营许可证和危险废物收集经营许可证。

领取危险废物综合经营许可证的单位，可以从事各类别危险废物的收集、贮存、处置经营活动；领取危险废物收集经营许可证的单位，只能从事机动车维修活动中产生的废矿物油和居民日常生活中产生的废镉镍电池的危险废物收集经营活动。

（96）环保部门批准经营危险废物的条件是什么？

《危险废物经营许可证管理办法》第五条规定，申请领取危险废物收集、贮存、处置综合经营许可证，应当具备下列条件：

（一）有 3 名以上环境工程专业或者相关专业中级以上职称，并有 3 年以上固体废物污染治理经历的技术人员；

（二）有符合国务院交通主管部门有关危险货物运输安全要求的运输工具；

（三）有符合国家或者地方环境保护标准和安全要求的包装工具，中转和临时存放设施、设备以及经验收合格的贮存设施、设备；

（四）有符合国家或者省、自治区、直辖市危险废物处置设施建设规划，符合国家或者地方环境保护标准和安全要求的处置设施、设备和配套的污染防治设施；其中，医疗废物集中处置设施，还应当符合国家有关医疗废物处置的卫生标准和要求；

（五）有与所经营的危险废物类别相适应的处置技术和工艺；

（六）有保证危险废物经营安全的规章制度、污染防治措施和事故应急救援措施；

（七）以填埋方式处置危险废物的，应当依法取得填埋场所的土地使用权。

第六条规定，申请领取危险废物收集经营许可证，应当具备下列条件：

（一）有防雨、防渗的运输工具；

（二）有符合国家或者地方环境保护标准和安全要求的包装工具，中转和临时存放设施、设备；

（三）有保证危险废物经营安全的规章制度、污染防治措施和事故应急救援措施。

第三章　环境信息公开

第一节　环境信息主动公开

一、信息公开的主体与内容

【案例 33】

张某住在某制药厂附近，每日受着制药厂刺鼻难闻的恶臭侵扰。一天，他在电视中看到周围居民有权申请排污企业的信息公开，就向该制药厂和当地环保局均书写并寄送了信息公开申请书。但两个月过去后，制药厂和环保局均没有向张某公开其要求的环境信息。稍后，张某向当地人民法院分别对制药厂和环保局提起了诉讼，请求法院判令公开环境信息。人民法院经过对案件进行审查，受理了对环保局的诉讼案件，但没有受理对制药厂的诉讼案件。

【解答与分析】

（97）公开环境信息的主体有哪些？

（一）地方各级人民政府

《环境保护法》第二十六条规定：“县级以上人民政府应当将环境保护目标完成情况纳入对本级人民政府负有环境保护监督管理职责的部门及其负责

人和下级人民政府及其负责人的考核内容，作为对其考核评价的重要依据。考核结果应当向社会公开。”据此规定，县级以上人民政府是公开环境信息的主体之一。

（二）政府环境保护主管部门

《环境保护法》第五十四条规定：“国务院环境保护主管部门统一发布国家环境质量、重点污染源监测信息及其他重大环境信息。省级以上人民政府环境保护主管部门定期发布环境状况公报。县级以上人民政府环境保护主管部门和其他负有环境保护监督管理职责的部门，应当依法公开环境质量、环境监测、突发环境事件以及环境行政许可、行政处罚、排污费的征收和使用情况等信息。”据此规定，各级政府环境保护主管部门也是环境信息公开的主体之一。

（三）企事业单位和其他生产经营者

《环境保护法》第五十五条的规定：“重点排污单位应当如实向社会公开其主要污染物的名称、排放方式、排放浓度和总量、超标排放情况，以及防治污染设施的建设和运行情况，接受社会监督。”据此规定，重点排污单位也是公开环境信息的主体之一。

(98) 公开环境信息依据哪些法律的规定？

（一）环境保护工作中国家秘密及其密级具体范围的规定

由原国家环境保护局和国家保密局联合制定，1990 年 1 月 24 日起生效。

（二）环境影响评价法

由全国人大常委会制定，2003 年 9 月 1 日起施行。

（三）环境影响评价公众参与暂行办法

由原国家环境保护总局制定，2006 年 3 月 18 日起施行。

（四）政府信息公开条例

由国务院制定，2008 年 5 月 1 日施行。

（五）环境信息公开办法（试行）

由原国家环境保护总局制定，2008 年 5 月 1 日施行。

（六）建设项目环境影响评价政府信息公开指南

由国家环境保护部制定，2014 年 1 月 1 日施行。

（七）环境保护法

由全国人大常委会修订，2015 年 1 月 1 日施行。

（八）企事业单位环境信息公开办法

由国家环境保护部制定，2015 年 1 月 1 日施行。

（九）关于信息公开的地方性法规、规章及规范性文件

由有权力的地方人大和人民政府制定。

（99）哪些政府信息不能公开？

《政府信息公开条例》第十四条规定："行政机关不得公开涉及国家秘密、商业秘密、个人隐私的政府信息。但是，经权利人同意公开或者行政机关认为不公开可能对公共利益造成重大影响的涉及商业秘密、个人隐私的政府信息，可以予以公开。"

根据上述规定，三类信息不能公开：①涉及国家秘密的信息；②涉及商业秘密的信息；③涉及个人隐私的信息。

（一）国家秘密的范围

根据《环境保护工作中国家秘密及其密级具体范围的规定》第三条的规定，环境保护工作中国家秘密及其密级的具体范围如下：

A．机密级事项

1. 有重大影响的环境污染事故和环境污染引起的公害病调查报告及其有关数据资料；

2．军用电磁辐射污染环境情况。

B．秘密级事项

1．国家及省、自治区、直辖市的环境质量报告书（详本）；

2．全国大中城市全面、系统的水、气、声、固体废物污染及重要海域和

界河的水质监测数据；

3．国家及省级国际环境保护技术合作、技术引进项目的谈判方案、对策及出席国际重要环境保护工作会议的活动预案；

4．未对外开放的自然保护区的原始资料；全国自然保护区中有关国家重点保护野生动植物的全面、系统的监测调查资料。

二、信息公开的内容和形式

【案例 34】

县环保局收到外地一公民的信息公开申请后，认为外地公民无权申请信息公开，就对其信息申请没有理睬。申请人遂将其起诉到当地人民法院，人民法院最终确认某县环保局不公开环境信息的行为违法，并判令某县环保局依法向申请人公开所要求的环境信息。

通过此案，县环保局认为在信息公开方面有大量工作要做，遂指派专人负责信息公开工作，并向河北马倍战律师事务所咨询以下几个方面的问题:

(一)哪些是环保部门应当主动公开的信息内容？哪些是依申请公开的内容？

(二) 环保部门应当主动公开哪些信息项目？

(三) 使用什么方式公开之后，环境部门就不用承担责任？

【解答与分析】

(100) **政府和环保部门应当主动公开哪些内容？**

(一)《环境保护法》的规定

1．人民政府公开的内容

第二十六条规定：国家实行环境保护目标责任制和考核评价制度。县级以上人民政府应当将环境保护目标完成情况纳入对本级人民政府负有环境保护监督管理职责的部门及其负责人和下级人民政府及其负责人的考核内容，作为对其考核评价的重要依据。考核结果应当向社会公开。

2．省级以上环保部门公开的内容

第五十四条规定：国务院环境保护主管部门统一发布国家环境质量、重点污染源监测信息及其他重大环境信息。省级以上人民政府环境保护主管部门定期发布环境状况公报。

3．县级以上环保部门公开的内容

第五十四条第二款规定：县级以上人民政府环境保护主管部门和其他负有环境保护监督管理职责的部门，应当依法公开环境质量、环境监测、突发环境事件以及环境行政许可、行政处罚、排污费的征收和使用情况等信息。

第五十四条第三款规定：县级以上地方人民政府环境保护主管部门和其他负有环境保护监督管理职责的部门，应当将企业事业单位和其他生产经营者的环境违法信息记入社会诚信档案，及时向社会公布违法者名单。

第五十六条第二款规定：负责审批建设项目环境影响评价文件的部门在收到建设项目环境影响报告书后，除涉及国家秘密和商业秘密的事项外，应当全文公开；发现建设项目未充分征求公众意见的，应当责成建设单位征求公众意见。

（二）《环境信息公开办法（试行）》的规定

第十一条规定，环保部门应当在职责权限范围内向社会主动公开以下政府环境信息：

1．环境保护法律、法规、规章、标准和其他规范性文件；

2．环境保护规划；

3．环境质量状况；

4．环境统计和环境调查信息；

5．突发环境事件的应急预案、预报、发生和处置等情况；

6．主要污染物排放总量指标分配及落实情况，排污许可证发放情况，城市环境综合整治定量考核结果；

7．大、中城市固体废物的种类、产生量、处置状况等信息；

8. 建设项目环境影响评价文件受理情况，受理的环境影响评价文件的审批结果和建设项目竣工环境保护验收结果，其他环境保护行政许可的项目、依据、条件、程序和结果；

9. 排污费征收的项目、依据、标准和程序，排污者应当缴纳的排污费数额、实际征收数额以及减免缓情况；

10. 环保行政事业性收费的项目、依据、标准和程序；

11. 经调查核实的公众对环境问题或者对企业污染环境的信访、投诉案件及其处理结果；

12. 环境行政处罚、行政复议、行政诉讼和实施行政强制措施的情况；

13. 污染物排放超过国家或者地方排放标准，或者污染物排放总量超过地方人民政府核定的排放总量控制指标的污染严重的企业名单；

14. 发生重大、特大环境污染事故或者事件的企业名单，拒不执行已生效的环境行政处罚决定的企业名单；

15. 环境保护创建审批结果；

16. 环保部门的机构设置、工作职责及其联系方式等情况；

17. 法律、法规、规章规定应当公开的其他环境信息。

（三）《建设项目环境影响评价政府信息公开指南（试行）》的规定

1. 环境影响评价相关法律、法规、规章及管理程序。

2. 建设项目环境影响评价审批，包括：环境影响评价文件受理情况、拟作出的审批意见、作出的审批决定。

3. 建设项目竣工环境保护验收，包括：竣工环境保护验收申请受理情况、拟作出的验收意见、作出的验收决定。

4. 建设项目环境影响评价资质管理信息。

（101）环保部门应当主动公开哪些信息项目？

因为环保部门应当公开的环境信息项目散见于不同的法律法规中，因此，确定环保部门应当公开的环境信息项目是一项复杂的工作。宣道环境信息公开平台聘请环境律师经过专门梳理，按照现行的法律法规，将环保部门应当公开的环境信息项目归纳为43项，全面覆盖了环保部门依法应当公开的信息项目（详见宣道环境信息公开平台网站 www.open2u.cn）。

（102）应当用什么方式主动公开？

《政府信息公开条例》第十五条规定："行政机关应当将主动公开的政府信息，通过政府公报、政府网站、新闻发布会以及报刊、广播、电视等便于公众知晓的方式公开。"

根据上述规定，公开的载体包括：

（一）政府公报；

（二）政府网站；

（三）新闻发布会；

（四）报刊、广播、电视；

（五）其他方式。

微博、博客、微信等互联网客户端是近年新出现的信息公开方式。

三、信息公开的程序和时间

【案例35】

一段时间以来，夏某养猪场的多头母猪发生流产。经过多方查找原因，夏某认为是路过养猪场旁边的高压线产生的电磁辐射造成的。于是，夏某向省环保厅申请了养猪场旁边高压线输变电项目的信息公开申请。收到申请后，夏某认为省环保厅对该审批项目的审批违法，遂向环保厅所在地中级人民法院提起诉讼，要求撤销对该项目的申请批复。在庭审过程中，夏某提出的撤销理由是：①审批环评时，我的养猪场已经存在，当时环评单位没有征求我的意见；②被告省环保厅作为环评审批单位，没有让我进行公众参与；③该项目的信息公开没有依照《环境影响评价公众参与暂行办法》要求的频次和时间公开，程序违法。

【解答与分析】

（103）信息公开应当遵循什么程序?

（一）建立审查机制

根据《政府信息公开条例》第十四条第一款的规定，行政机关应当建立健全政府信息发布保密审查机制，明确审查的程序和责任。

（二）公开前审查

根据《政府信息公开条例》第十四条第二款的规定，行政机关在公开政府信息前，应当依照《保守国家秘密法》以及其他法律、法规和国家有关规定对拟公开的政府信息进行审查。

（三）报有关部门确定

根据《政府信息公开条例》第十四条第三款的规定，行政机关对政府信息不能确定是否可以公开时，应当依照法律、法规和国家有关规定报有关主管部门或者同级保密工作部门确定。

（四）依法进行公开

信息公开义务机关还应依照恰当的方式和法律规定的时间予以公开。

（104）应当在什么时间主动公开信息?

（一）一般环境信息

根据《政府信息公开条例》第十八条的规定，属于主动公开范围的政府信息，应当自该政府信息形成或者变更之日起20个工作日内予以公开。法律、法规对政府信息公开的期限另有规定的，从其规定。

（二）法律规定公开期限的环境信息

1．对于重点排污企业名单，应于每年3月之前公布。

2．对于环境违法者名单，应当及时公布。

3．对于环境影响报告书，应当自收到建设项目环境影响报告书后公开。

（三）一般环境信息的范围

除了法律、法规规定公开期限的之外，其他均为一般环境信息。

（105）信息公开的时间应当持续多久？

《河北省环境保护公众参与条例》第十一条规定："负有环境保护监督管理职责的部门对属于依法主动公开范围内的政府环境信息，应当自该信息制作或者变更之日起二十个工作日内予以公开，公开的时间不得少于三十个工作日。法律、法规对政府环境信息公开的时间和期限另有规定的，从其规定。负有环境保护监督管理职责的部门应当通过政府网站、公报、资料索取点、电子显示屏、广播、电视、报刊等途径以便于公众知晓的方式主动公开政府环境信息，并提供信息检索、查阅和下载等服务。县级以上人民政府及其负有环境保护监督管理职责的部门应当建立健全新闻发言人制度，针对社会舆论普遍关注的环境问题定期或者根据情况及时发布政府环境信息。"

到目前为止，只有部分地方性法规和规章规定了环境信息公开的持续时间。对于有时间要求的，应当从其规定；没有时间要求的，应当持续一段合理的时间。

四、对公开内容的法律判定

【案例 36】

环保协会因工作需要向市环保局申请公开非常某化工有限公司的 50 万 t 氰化钠项目的环评环评报告全本。市环保局收到申请后，经过认真研究认为，该项目环评报告书的许多部分属于企业的商业秘密，公众参与部分被调查人的基本情况及联系方式属于个人隐私，这部分内容不宜公开，因此仅仅向申请人公开了环评报告书的简本。

申请人收到申请后，认为市环保局没有按照申请人的要求公开环评报告书全本的行政行为侵害了自己的知情权，遂向人民法院提起行政诉讼。

【解答与分析】

(106) 对不能确定是否属于国家秘密的信息如何确认?

《环境保护工作中国家秘密及其密级具体范围的规定》第四条规定:“在环境保护工作中涉及国家安全和利益而在本规定中又未列入的事项,凡其他主管业务部门的保密范围有相关规定的,按其规定确定密级;凡其他主管业务部门的保密范围未作出规定的,应按照《保守国家秘密法》及《保守国家秘密法实施办法》拟定密级,报国家环境保护局保密委员会确定。”对于不能确定是否属于国家秘密的信息,应当根据上述程序进行确认。

(107) 哪些涉及商业秘密的政府信息可以公开?

商业秘密,是指不为公众所知悉、能为权利人带来经济利益,具有实用性并经权利人采取保密措施的设计资料、程序、产品配方、制作工艺、制作方法、管理诀窍、客户名单、货源情报、产销策略等技术信息和经营信息。

《政府信息公开条例》第十四条第三款规定:“经权利人同意公开或者行政机关认为不公开可能对公共利益造成重大影响的涉及商业秘密、个人隐私的政府信息,可以予以公开。”

根据上述规定,经权利人同意公开或者行政机关认为不公开可能对公共利益造成重大影响的涉及商业秘密的政府信息,可以予以公开。实践中,即使一般项目环境影响报告书中涉及生产工艺,也应当全文公开。

(108) 哪些涉及个人隐私的政府信息可以公开?

个人隐私是指公民个人生活中不愿为他人公开或知悉的秘密。隐私权是自然人享有的对其个人的、与公共利益无关的个人信息、私人活动和私有领域进行支配的一种人格权。

《政府信息公开条例》第十四条规定:“经权利人同意公开或者行政机关认为不公开可能对公共利益造成重大影响的涉及商业秘密、个人隐私的政府信息，可以予以公开。”

根据上述规定，经权利人同意公开或者行政机关认为不公开可能对公共利益造成重大影响的涉及个人隐私的政府信息，可以予以公开。比如，对于一般环境影响报告书中公众参与部分涉及个人的姓名及联系方式应当公开；而对于投诉、举报人的身份信息和联系信息则不能公开。

第二节　环境信息依申请公开

一、申请人的资格和申请形式

【案例 37】

浙江省的某县环保局收到黑龙江省一位农民通过电子邮件发来的信息公开申请，申请公开该县 2012 年至 2014 年排污费的征收和使用情况。县环保局经过集体研究认为：申请人没有居住在本县区域之内，不是合格的信息公开申请人；也没有明确申请信息公开的目的，更没有提交能够证明使用目的的证据；排污费的征收和使用情况与之没有利害关系，申请人存在非法申请的重大嫌疑；法律规定申请人应当通过书面形式申请信息公开，通过电子邮件申请信息公开不符合法律要求。县环保局因此决定，对其申请公开的信息不予公开。

【解答与分析】

（109）**谁有权申请政府信息公开？**

《政府信息公开条例》第十三条规定：“除本条例第九条、第十条、第十一条、第十二条规定的行政机关主动公开的政府信息外，公民、法人或者其他组织还可以根据自身生产、生活、科研等特殊需要，向国务院部门、地方各级人民政府及县级以上地方人民政府部门申请获取相关政府信息。”

根据上述规定，公民、法人或者其他组织还可以根据自身生产、生活、科研等特殊需要，向国务院部门、地方各级人民政府及县级以上地方人民政府部门申请获取相关政府信息。

（110）非信息所在地人员是否有权申请信息公开？

《环境信息公开办法（试行）》第五条规定："公民、法人和其他组织可以向环保部门申请获取政府环境信息。"

《河北省环境保护公众参与条例》第十二条规定："公众可以采取信函、传真和电子邮件等书面形式向负有环境保护监督管理职责的部门申请提供政府环境信息。负有环境保护监督管理职责的部门收到申请后，能够即时答复的，应当即时答复；不能即时答复的，应当自收到申请之日起十五个工作日内答复。因特殊情况不能按期答复的，经本部门负责人同意，可以延长答复期限，并书面告知申请人。延长期限不得超过十五个工作日。"

上述法律中均没有对信息公开申请人的地域和使用信息的目的作出限定。根据上述规定，并鉴于环境的广域性、互通性等特点，公众申请环境信息公开不应当受地域限制。

（111）申请信息公开应当采用什么形式？

《政府信息公开条例》第二十条规定："公民、法人或者其他组织依照本条例第十三条规定向行政机关申请获取政府信息的，应当采用书面形式（包括数据电文形式）；采用书面形式确有困难的，申请人可以口头提出，由受理该申请的行政机关代为填写政府信息公开申请。"

根据上述规定，公众申请公开环境信息，可以采取的形式有：

（一）纸质书面形式，如手写，打印，复印等形式。

（二）数据书面形式，如电子邮件、在线提交电子表单、即时传输电子文件等形式。

（三）电文书面形式，包括电话传真等。

如果申请人确有困难，可以口头提出申请。

二、信息公开文书的内容和制作

【案例38】

申请人王某向市环保局邮寄书面申请，要求以纸质复印件并加盖公章的形式向其公开某蜂业公司的排污许可证办理情况、环境保护责任制度责任人名称、2013—2015年度缴纳排污费用情况、生产经营噪声检测数据、行政处罚等相关信息。作为该局法律顾问的河北马倍战律师事务所提出如下处理建议：

一、按照申请人要求的形式向其公开蜂业公司的排污许可证办理情况和2013—2015年度缴纳排污费用情况。

二、鉴于申请人没有明确说明要求公开什么时间段内的生产经营噪声检测数据和什么期间内受到的行政处罚，申请公开的内容不明确，建议依照《政府信息公开条例》第二十一条第（四）项的规定，告知申请人作出更改、补充。

三、根据目前的法律规定，排放污染物的企业事业单位应当建立环境保护责任制度，明确单位负责人和人员的责任，但法律并没有要求企事业单位必须将上述制度在环保部门备案，该信息不属于政府信息。因此，建议依照《政府信息公开条例》第二十一条第（三）项的规定答复申请人。

【解答与分析】

（112）信息公开申请应当包括哪些内容？

《政府信息公开条例》第二十条规定，政府信息公开申请应当包括下列内容：

（一）申请人的姓名或者名称、联系方式；

（二）申请公开的政府信息的内容描述；

（三）申请公开的政府信息的形式要求。

根据上述规定，信息公开申请应当包括申请人的姓名或者名称、联系方式、申请公开的政府信息的内容描述、申请公开的政府信息的形式要求，事实、理由及信息公开机关的其他要求均非法律的规定。

（113）信息公开申请应当采用什么文书形式？

法律没有规定公众申请环境信息公开应当采用什么文书形式。在实践中，一般包括下列形式：

（一）表格形式

<table>
<tr><td colspan="6">政府信息公开申请表</td></tr>
<tr><td rowspan="10">申请人信息</td><td rowspan="5">公民</td><td>姓名</td><td></td><td>联系电话</td><td></td></tr>
<tr><td>证件名称</td><td></td><td>证件号码</td><td></td></tr>
<tr><td>电子邮箱</td><td></td><td>传真</td><td></td></tr>
<tr><td>联系地址</td><td colspan="3"></td></tr>
<tr><td>邮编</td><td colspan="3"></td></tr>
<tr><td rowspan="5">法人/其他组织</td><td>单位名称</td><td colspan="3"></td></tr>
<tr><td>组织机构代码</td><td></td><td>联系人</td><td></td></tr>
<tr><td>联系电话</td><td></td><td>传真</td><td></td></tr>
<tr><td>联系地址</td><td colspan="3"></td></tr>
<tr><td>邮编</td><td colspan="3"></td></tr>
<tr><td rowspan="3">申请公开内容</td><td colspan="5">信息名称</td></tr>
<tr><td colspan="5">文号</td></tr>
<tr><td colspan="5">内容描述</td></tr>
<tr><td colspan="2">信息用途</td><td colspan="4"></td></tr>
<tr><td rowspan="3">信息介质</td><td>纸质</td><td></td><td rowspan="3">获取方式</td><td>邮寄</td><td></td></tr>
<tr><td>电子文件</td><td></td><td>电子邮件</td><td></td></tr>
<tr><td>其他</td><td></td><td>自行领取</td><td></td></tr>
<tr><td>备注</td><td colspan="5"></td></tr>
</table>

（二）法律文书形式

政府信息公开申请书

申请人：

联系方式：

申请事项：

……

信息介质及获取方式：

事实与理由：

……

此致

环境信息公开被申请单位

（三）信函形式

政府信息公开申请函

××环保局：

我现要求公开×××信息，我准备自己研究使用。请用信函方式邮寄到下列地址：

地址：

联系电话：

签名或印章

申请日期

（四）其他形式

（114）如何书写信息公开告知书和答复书？

信息公开答复书

×××：

我局于××××年×月×日收到了你提出的政府信息公开申请，现针对你申请的内容分别答复如下：

一、关于你申请公开的第一项内容，现以附件的形式随本答复书邮寄给你，请查收。

二、关于你申请公开的第二项内容，因为涉及个人隐私，所以不能向你公开。

三、关于你申请公开的第三项内容，我局没有相关信息，因此无法寄送给你。

四、关于你申请公开的第四项内容，现该信息不在我局，可能已经存入市档案馆，请到该处查阅。

五、关于你申请公开的第五项内容，我局无法理解你申请公开什么内容，请你进行更改或补充。

特此答复。

××环境保护局

日期

三、对申请的处理方式和时限

【案例 39】

县环保局收到了一份电子邮件，来件人要求把县环保局的机构设置及本系统人员名单发送给他。县环保局认为发件人的身份不明，遂通过电子邮件答复发件人，要求其补充身份证明材料。收到发件人的身份证电子版后，县环保局认为来件人邮件中的“本系统”所指不明，它是否包括上级环保部门？是否包括乡镇的环保工作人员？因此，县环保局再次向来件人发送了补正邮件，要求其说明“本系统”的准确含义。来件人又发送电子邮件称，“本系统”仅仅指本县环保局。通过邮件来往，又过了两个月的时间，来件人以县环保局没有按期答复为由提起了行政诉讼。

【解答与分析】

(115) **环保部门如何受理和处理信息公开申请？**

《政府信息公开条例》第二十一条规定，对申请公开的政府信息，行政机关根据下列情况分别作出答复：

（一）属于公开范围的，应当告知申请人获取该政府信息的方式和途径；

（二）属于不予公开范围的，应当告知申请人并说明理由；

（三）依法不属于本行政机关公开或者该政府信息不存在的，应当告知申请人，对能够确定该政府信息的公开机关的，应当告知申请人该行政机关的名称、联系方式；

（四）申请内容不明确的，应当告知申请人作出更改、补充。

《环境信息公开办法（试行）》第十七条作了相同的规定。

由此可见，只要信息公开义务机关收到申请人的信息公开申请，就应当受理，收到即为受理。也即，环保部门对于任何申请都应当受理，但不必出具“受理通知书”，也不必出具“不予受理通知书”。

收到信息公开申请后，处理方式有两种：①答复；②告知作出更正、补充。

（116）环保部门应当通过什么方式公开环境信息？

《政府信息公开条例》第二十六条规定："行政机关依申请公开政府信息，应当按照申请人要求的形式予以提供；无法按照申请人要求的形式提供的，可以通过安排申请人查阅相关资料、提供复制件或者其他适当形式提供。"

根据上述法律规定，信息公开的方式有：

（一）按照申请人要求的形式予以提供。

（二）无法按照申请人要求的形式提供的，可以通过安排申请人查阅相关资料、提供复制件或者其他适当形式提供。

（117）环保部门应当在收到信息公开申请后多长时间处理？

《政府信息公开条例》第二十四条规定："行政机关收到政府信息公开申请，能够当场答复的，应当当场予以答复。行政机关不能当场答复的，应当自收到申请之日起 15 个工作日内予以答复；如需延长答复期限的，应当经政府信息公开工作机构负责人同意，并告知申请人，延长答复的期限最长不得超过 15 个工作日。申请公开的政府信息涉及第三方权益的，行政机关征求第三方意见所需时间不计算在本条第二款规定的期限内。"

根据上述法律规定，答复信息公开申请的时限是：

（一）能够当场答复的，当场予以答复。

（二）不能当场答复的，应当自收到申请之日起 15 个工作日内予以答复。

（三）如需延长答复期限的，应当经政府信息公开工作机构负责人同意，并告知申请人，延长答复的期限最长不得超过 15 个工作日。

四、对信息公开申请的不当处理

【案例 40】

市环保局最近收到大量的信息公开申请，经过集体研究并请示有关专家，确定了以下处理原则：

（一）对于已经通过网络公开的信息，答复申请人到相关的地址查看；

（二）对于尚未公开但能够公开的信息，通过要求申请人补充身份证等资料和缴纳邮寄费等方式让申请人知难而退；

（三）对于不宜公开的信息，不给申请人任何答复，如果申请人提起诉讼，就称没有收到信息公开申请。

【解答与分析】

（118）环保部门公开信息是否可以收取费用？

《政府信息公开条例》第二十七条规定："行政机关依申请提供政府信息，除可以收取检索、复制、邮寄等成本费用外，不得收取其他费用。行政机关不得通过其他组织、个人以有偿服务方式提供政府信息。行政机关收取检索、复制、邮寄等成本费用的标准由国务院价格主管部门会同国务院财政部门制定。"

根据上述法律规定，信息公开义务机关收取费用的原则是：

（一）可以收取检索、复制、邮寄等成本费用；

（二）不得收取其他费用；

（三）不得通过其他组织、个人以有偿服务方式提供政府信息。

（119）环保部门对信息公开申请不当处理方式有哪些？

（一）置之不理。对信息公开申请不予答复，也不告知更正或说明理由。

（二）超期答复。超过法律规定的时限才予以答复或处理。

（三）不按要求的方式答复。不按照申请人要求的介质提供信息，或者不按照申请人要求的方式提供信息。

（四）答复不全面。仅仅就信息公开申请中的部分公开事项进行答复，或者仅仅答复一项中的部分。

（五）问东答西。虽然予以答复，但是答复的内容并非申请人申请公开的内容。

（六）原件寄回。将申请人邮寄来的申请书不开封，或者开封后原件寄回。

（七）恶言相向。质问申请人申请信息公开的目的和动机。

（八）乱扣帽子。动不动就给人扣上“勾结敌对势力”的帽子。

（九）其他不当处理方式。

（120）对信息公开申请的不当处理可能会承担何种法律责任？

（一）被追究行政责任

根据《环境保护法》第六十八条规定，地方各级人民政府、县级以上人民政府环境保护主管部门和其他负有环境保护监督管理职责的部门有“应当依法公开环境信息而未公开”等行为之一的，对直接负责的主管人员和其他直接责任人员给予记过、记大过或者降级处分；造成严重后果的，给予撤职或者开除处分，其主要负责人应当引咎辞职。

（二）被公众举报并要求有关机关调查处理

《政府信息公开条例》第三十三条第一款规定：“公民、法人或者其他组织认为行政机关不依法履行政府信息公开义务的，可以向上级行政机关、监察机关或者政府信息公开工作主管部门举报。收到举报的机关应当予以调查处理。”

根据上述规定，公民、法人或者其他组织认为行政机关不依法履行政府信息公开义务的，可以向上级行政机关、监察机关或者政府信息公开工作主管部门举报。收到举报的机关应当予以调查处理。

第三节　排污单位环境信息公开

一、排污单位信息公开的法律依据

【案例41】

县人民法院正在审理一起信息公开案件：一重点排污单位周边居民因排污单位没有依法公开环境信息从而侵害了自己的环境信息知情权和监督权为由向人民法院提起诉讼。

对于是否支持原告的诉讼请求，法院合议庭存在两种明显不同的主张：一种观点认为，法律没有规定利害关系人可以直接起诉排污单位，过去也从来没有这样的先例，因此法院应当驳回原告诉讼；另一种观点认为，法律规定了重点排污单位的信息公开义务，其目的是为了满足公民、法人和其他组织的知情权，推动公众参与和监督环境保护，当这种知情权没有得到满足，相关人员和组织当然有权提起诉讼，法院也应当支持原告的诉讼请求。

河北马倍战律师事务所向审理该案的法官提供了咨询意见。

【解答与分析】

（121）排污单位为什么应当公开环境信息？

《企业事业单位环境信息公开办法》第一条规定："为维护公民、法人和其他组织依法享有获取环境信息的权利，促进企业事业单位如实向社会公开环境信息，推动公众参与和监督环境保护，根据《环境保护法》《企业信息公示暂行条例》等有关法律法规，制定本办法。"

根据上述规定，强制企事业单位公开环境信息的目的有三：

（一）为维护公民、法人和其他组织依法享有获取环境信息的权利。

（二）促进企业事业单位如实向社会公开环境信息。

（三）推动公众参与和监督环境保护。

（122）排污单位公开环境信息的法律依据是什么？

《环境保护法》第五十三条规定："公民、法人和其他组织依法享有获取环境信息、参与和监督环境保护的权利。各级人民政府环境保护主管部门和其他负有环境保护监督管理职责的部门，应当依法公开环境信息、完善公众参与程序，为公民、法人和其他组织参与和监督环境保护提供便利。"

《环境保护法》第五十五条规定："重点排污单位应当如实向社会公开其主要污染物的名称、排放方式、排放浓度和总量、超标排放情况，以及防治污染设施的建设和运行情况，接受社会监督。"

根据上述规定，无论环保部门还是排污单位，都应当依照法律规定公开环境信息。

（123）为何说"信息公开是公众参与的基础和保证"？

公众参与是指公众以个人或团体的方式参与环境管理的设计、监督、实施，包括政府和企业增加透明度和公共性，并给予个人发言权。公众参与环境决策已成为社会发展的必然趋势，因为环境问题是社会公共问题，环境保护活动的开展涉及不特定多数人的利益，需要各方的共同努力尤其是社会公众的积极参与，而实现这种合作与参与的一个基本前提便是公众对相关环境信息的获知。公众参与环境管理的目的是要让公众在环境管理体系中起到促进与制衡的作用，知情的公众必然要求在环境信息方面享有对称的权利，要求政府公开相关信息。

环境问题的特点决定了环境信息公开制度建立的必要性。环境问题具有流通性、复杂性，一旦造成环境污染便很难再恢复原状，造成环境污染后，往往会由无辜的人来承担环境污染的后果。环境的这一公共物品属性客观上要求在环境这一公共事务领域内要有更多的力量来参与解决，这也是要求环境信息公开的基础。环境信息的公开会使承担环境污染危险的公众对污染企业或个人进行监督，公众舆论会促使政府加强对污染企业或个人的环境管理，防止污染事故发生，从而促进环境保护和社会经济的可持续发展。

二、排污单位信息公开主体的确定

【案例42】

某肿瘤医院属于二级甲等医院，日前接到区环保局的通知，要求在医院的网站上公开有关排污信息。医院聘请的法律顾问认为，区环保局的通知可以不予执行。理由是：①《环境保护法》规定只有重点排污单位才需要强制公开环境信息，而是否被列入重点排污单位则根据设区市公布的"重点排污单位名单"确定。所在设区市的重点排污单位名单尚未公布，因此排污单位对该项规定可以不予执行。②虽然《企事业单位环境信息公开办法》第八条规定"二级以上医院"应当被列入重点排污单位，但一个单位非经法定程序，不能自然被列为重点排污单位。③从目前看，区环保局尚未按照法律的规定主动公开环境信息，如果环保部门要求排污单位公开环境信息则不存在执法的权威性和正当性。

【解答与分析】

（124）哪些排污单位应当公开环境信息？

《环境保护法》第五十五条规定："重点排污单位应当如实向社会公开其主要污染物的名称、排放方式、排放浓度和总量、超标排放情况，以及防治污染设施的建设和运行情况，接受社会监督。"

根据上述规定，公开环境信息的主体是重点排污单位，而非所有的排污单位。

（125）环保部门如何确定重点排污单位？

（一）原则规定

根据《企事业单位环境信息公开办法》第七条第二款的规定，环境保护主管部门确定重点排污单位名录时，应当综合考虑本行政区域的环境容量、重点污染物排放总量控制指标的要求，以及企业事业单位排放污染物的种类、数量和浓度等因素。

（二）具体规定

《企事业单位环境信息公开办法》规定，具备下列条件之一的企业事业单位，应当列入重点排污单位名录：

1．被设区的市级以上人民政府环境保护主管部门确定为重点监控企业的；

2．具有试验、分析、检测等功能的化学、医药、生物类省级重点以上实验室、二级以上医院、污染物集中处置单位等污染物排放行为引起社会广泛关注的或者可能对环境敏感区造成较大影响的；

3. 三年内发生较大以上突发环境事件或者因环境污染问题造成重大社会影响的；

4．其他有必要列入的情形。

根据上述规定，下列单位应当列入重点排污单位名录：

1．国家环保部的重点监控企业；

2．各省（市）环保厅（局）的重点监控企业；

3．设区市的重点监控企业；

4．具有试验、分析、检测等功能的化学、医药、生物类省级重点以上实验室；

5．二级以上医院；

6．污染物集中处置单位；

7. 污染物排放行为引起社会广泛关注的或者可能对环境敏感区造成较大

影响的单位；

8．三年内发生较大以上突发环境事件造成重大社会影响的；

9．三年内因环境污染问题造成重大社会影响的；

10．其他有必要列入的情形。

（126）环保部门如何确定重点监控企业？

国家环境保护部按照以下程序和原则确定重点监控企业：

（一）程序

1．下发《关于开展××××年国家重点监控企业名单动态更新工作的通知》，要求各地环保部门对当地企业进行筛选。

2．对各地上报的名单进行了审核，并反复征求了各方意见，最终形成“××××年国家重点监控企业名单”。

3．以通知的方式印发“××××年国家重点监控企业名单”。

（二）原则

一般在《关于开展××××年国家重点监控企业名单动态更新工作的通知》中规定。通知要求各省级环保部门以当年国控源和已安装在线监测设备并联网的企业名单为基础，结合上年环境统计数据库、当年竣工的新、改、扩建工业企业项目、减排项目清单和排污申报核定实际情况，组织开展本辖区国控源名单动态更新工作。

三、排污单位信息公开的时间和方式

【案例43】

2015年3月，全市有44家污水排放重点企业和25家污水处理厂，新设置了企业排污信息电子显示屏。至此，全市已有100家重点企业安装了企业排污信息电子显示屏。除长期停产、零排放等个别企业外，全市所有国控重点企业全部实现排污信息电子公开。

按照市环保局的要求，企业电子显示屏安装在厂区门口便于公众监督的位置；电子显示屏数据要与中控室、在线监控数据一致。显示内容包括日期、污染物产生源名称、污染物排放种类及浓度，执行的标准限值、污染物排放自动监测小时浓度均值，以及其他与本企业有关的排污节点及数据。市环保局有关负责人表示，2015 年起，全市新增的大气、污水和污水处理厂类国控重点企业，将在环境保护部公布年度国控重点企业名单后的 3 个月内，完成排污信息电子显示屏安装调试工作。

【解答与分析】

（127）排污单位应当在什么时间公开环境信息？

《企事业单位环境信息公开办法》第十一条规定："重点排污单位应当在环境保护主管部门公布重点排污单位名录后九十日内公开本办法第九条规定的环境信息；环境信息有新生成或者发生变更情形的，重点排污单位应当自环境信息生成或者变更之日起三十日内予以公开。法律、法规另有规定的，从其规定。"

根据上述规定，对于原有信息，排污单位应当在环境保护主管部门公布重点排污单位名录后 90 日内；对于新生成或者发生变更的信息，排污单位应当自环境信息生成或者变更之日起 30 日内。

（128）排污单位应当通过什么方式公开环境信息？

《企事业单位环境信息公开办法》第十条规定，重点排污单位应当通过其网站、企业事业单位环境信息公开平台或者当地报刊等便于公众知晓的方式公开环境信息，同时可以采取以下一种或者几种方式予以公开：

（一）公告或者公开发行的信息专刊；

（二）广播、电视等新闻媒体；

（三）信息公开服务、监督热线电话；

（四）本单位的资料索取点、信息公开栏、信息亭、电子屏幕、电子触摸屏等场所或者设施；

（五）其他便于公众及时、准确获得信息的方式。

根据上述规定，企事业单位公开环境信息应当采取便于公众知晓的方式。排污单位门前的电子显示屏不属于上述方式。目前，公开环境信息的最佳方式是互联网。

目前已知全国性的环境信息统一公开平台是宣道环境信息公开平台（open2u.cn），该平台由既懂网络又懂法律的专家设计，由环境律师筛选确定信息公开项目，网页布局科学、合理，环保部门管理和公众查阅方便，是全国各级环保部门和各地排污单位公开环境信息的优质平台。

（129）电子显示屏是公开环境信息的必须方式吗？

根据《企事业单位环境信息公开办法》规定，重点排污单位应当通过其网站、企业事业单位环境信息公开平台或者当地报刊等便于公众知晓的方式公开环境信息。上述方式是法定的、必须采用的公开方式。也就是说，重点排污单位公开环境信息，必须通过“网站、企业事业单位环境信息公开平台或者当地报刊”至少其中一种方式公开。公告、广播、电视、电子屏幕等方式是重点排污单位可选的信息公开的方式，不是必须的公开方式。这也意味着，即使重点排污单位通过可选的方式公开了信息，也不免除其通过必须的方式公开环境信息的责任。

四、排污单位信息公开的法律责任

【案例 44】

县环保局根据一市民的举报要求，对没有公开污染物信息的某大型化工企业下达了责令公开决定书，同时给予了 10 万元的罚款处罚。30 天后，该化工企业只公开了部分污染物的种类和排放数量信息，县环保局又根据本省地方性法规的规定，对该企业作出了按日连续罚款的决定。但是，该化工企业仍然没能按照法律的要求公开环境信息。县环保局拟再次对其实施按日连续处罚。

【解答与分析】

（130）排污单位不公开环境信息应当承担何种责任？

《环境保护法》第六十二条规定："违反本法规定，重点排污单位不公开或者不如实公开环境信息的，由县级以上地方人民政府环境保护主管部门责令公开，处以罚款，并予以公告。"

《企业事业单位环境信息公开办法》第十六条规定，重点排污单位违反本办法规定，有下列行为之一的，由县级以上环境保护主管部门根据《环境保护法》的规定责令公开，处三万元以下罚款，并予以公告：

（一）不公开或者不按照本办法第九条规定的内容公开环境信息的；

（二）不按照本办法第十条规定的方式公开环境信息的；

（三）不按照本办法第十一条规定的时限公开环境信息的；

（四）公开内容不真实、弄虚作假的。

法律、法规另有规定的，从其规定。

《河北省环境保护公众参与条例》第四十条规定："重点排污单位未依照本条例规定的方式公开企业环境信息的，由县级以上人民政府环境保护主管部门处四万元以上十万元以下罚款，并责令限期公开。逾期不公开的，可以按照原处罚数额按日连续处罚。企业篡改、伪造监测数据的，依照有关法律法规规定予以处罚。"

根据上述规定，企事业单位不公开、不如实公开、不全面公开环境信息的，环保部门应当责令公开，处以罚款，并予以公告；地方性法规有规定的，环保部门还可实施按日连续处罚。

（131）排污单位在环境信息公开过程中有何其他义务和职责？

（一）接受环保部门的指导、监督

根据《企业事业单位环境信息公开办法》第二条的规定，环境保护部负责指导、监督全国企业事业单位环境信息公开工作；县级以上环境保护主管部门负责指导、监督本行政区域内的企业事业单位环境信息公开工作。

（二）接受环保部门的监督检查

根据《企业事业单位环境信息公开办法》第十四条的规定，环境保护主管部门有权对重点排污单位环境信息公开活动进行监督检查，被检查者应当如实反映情况，提供必要的资料。

（三）建立健全信息公开工作制度

根据《企业事业单位环境信息公开办法》第四条第三款的规定，企业事业单位应当建立健全本单位环境信息公开制度，指定机构负责本单位环境信息公开日常工作。

（四）指定机构负责本单位环境信息公开日常工作

根据《企业事业单位环境信息公开办法》第四条第三款的规定，企业事业单位应当建立健全本单位环境信息公开制度，指定机构负责本单位环境信息公开日常工作。

（132）环保部门在排污单位环境信息公开工作中有何职责？

（一）指导、监督职责

《企业事业单位环境信息公开办法》第二条规定，环境保护部负责指导、监督全国企业事业单位环境信息公开工作；县级以上环境保护主管部门负责指导、监督本行政区域内的企业事业单位环境信息公开工作。

（二）建立健全指导、监督企业事业单位公开环境信息工作制度

《企业事业单位环境信息公开办法》第四条规定，环境保护主管部门应当建立健全指导、监督企业事业单位环境信息公开工作制度。

（三）将经费列入预算

《企业事业单位环境信息公开办法》第四条第一款规定，环境保护主管部门开展指导、监督企业事业单位环境信息公开工作所需经费，应当列入本部门的行政经费预算。

（四）建立环境信息公开平台

《企业事业单位环境信息公开办法》第四条第二款规定，有条件的环境保护主管部门可以建设企业事业单位环境信息公开平台。

（五）建立信用评价制度

《企业事业单位环境信息公开办法》第五条规定，环境保护主管部门应当根据企业事业单位公开的环境信息及政府部门环境监管信息，建立企业事业单位环境行为信用评价制度。

（六）确定重点排污单位名录并公布

《企业事业单位环境信息公开办法》第七条规定，设区的市级人民政府环境保护主管部门应当于每年3月底前确定本行政区域内重点排污单位名录，并通过政府网站、报刊、广播、电视等便于公众知晓的方式公布。

（七）宣传和引导职责

《企业事业单位环境信息公开办法》第十五条规定，环境保护主管部门应当宣传和引导公众监督企业事业单位环境信息公开工作。

第四节 环境信息公开的案件

一、公众和排污单位的权利

【案例45】

原告范某不服被告省环保厅于2013年5月8日作出的答复书，向当地中级人民提起行政诉讼。法院于2013年8月7日组织双方当事人进行了庭前证据交换，并于同日公开开庭审理了本案。

被告省环保厅答辩称：一、被告于2013年4月18日收到原告提出的政府信息公开申请，要求公开“被告就本省7县市区政府创建国家生态市、县、区向环境保护部提交技术评估或考核验收的申请及相关附件等13项信息”。同年5月8日，被告作出了《答复书》，提供给原告12项文件的正文信息，告知1项文件信息不存在。关于12项文件的附件信息，对原告作了充分的说明，并告知其可就近向地方政府申请。同日，以邮寄的形式向范某送达该答复书。二、针对其提出的“被告未向其提供附件资料，不符合法律规定”事宜，被告作如下说明：（一）这些附件资料信息由相关地方政府作出，根据《政府信息公开条例》第十条规定“政府机关制作的政府信息，由制作该政府信息的行政机关负责公开”。被告在《答复书》中已明确告知原告可向创建地区人民政府申请。（二）被告接到地方政府的申请资料后，委托专家进行预审。预审合格后，将被告相关文件连同地方申请资料一并报送环境保护部。地方申请资料被告没有留存。（三）原告之父已就相关“附件资料”向某市人民政府申请公开。综上所述，被告作出的《答复书》，适用法律法规正确，符合法定程序。请求依法予以维持；原告提出的诉讼理由和要求既不合法，也不合理，应当驳回。

法院经审理认为，被告作出《答复书》的程序合法，但提供的政府信息不符合申请人要求的内容或者法律、法规规定的适当形式，故对原告要求被告公开涉案信息的相关附件的诉讼请求予以支持。据此，判令被告于本判决生效之日起15个工作日内依法向原告提供1～12项申请中所涉的附件信息。

【解答与分析】

（133）公众在信息公开中有何环境权利？

（一）举报权

《环境保护法》第五十七条第一款规定：“公民、法人和其他组织发现任何单位和个人有污染环境和破坏生态行为的，有权向环境保护主管部门或者其他负有环境保护监督管理职责的部门举报。”第二款规定：“公民、法人和其他组织发现地方各级人民政府、县级以上人民政府环境保护主管部门和其他负有环境保护监督管理职责的部门不依法履行职责的，有权向其上级机关或者监察机关举报。”这是公众环境举报权的来源。

（二）知情权

《环境保护法》第五十三条规定："公民、法人和其他组织依法享有获取环境信息、参与和监督环境保护的权利。各级人民政府环境保护主管部门和其他负有环境保护监督管理职责的部门，应当依法公开环境信息、完善公众参与程序，为公民、法人和其他组织参与和监督环境保护提供便利。"根据上述法律规定，公众可以依法申请政府环境信息公开，并可要求对自己举报的处理结果公开。

（三）起诉权

《政府信息公开条例》第三十三条第二款规定："公民、法人或者其他组织认为行政机关在政府信息公开工作中的具体行政行为侵犯其合法权益的，可以依法申请行政复议或者提起行政诉讼。"公众通过信息公开，认为环保部门没有对自己举报的情况进行相应处理，可以依法向人民法院提起诉讼，要求法院判令环保部门依法履行职责。

（134）公众可以对排污单位不公开环境信息的行为起诉吗？

公众可能会通过下列步骤对重点排污单位起诉。

（一）确定某个重点排污单位为被诉对象。

（二）明确自己应当知道该信息的法律依据。

（三）确认该重点排污单位没有公开环境信息的事实。

（四）明确重点排污单位未公开环境信息从而侵害自身信息知情权的事实。

（五）向有管辖权的人民法院提起民事侵权诉讼。

（135）被列入重点排污单位后是否可以提起行政复议和诉讼？

排污单位被列入国家、省、设区市重点监控企业名单后，就自然会被列入重点排污单位名录；而被列入重点排污单位名录后，就自然应当承担强制公开环境信息的义务，否则，就会被环保部门"责令公开、处以罚款，并予以公告”。因此，排污单位在被确定为重点监控企业或被列入重点排污单位名录后，都可提起行政复议和行政诉讼。

二、法院对案件的审理范围

【案例46】

2013年7月5日，环保部受理杨某通过其政府网站提交的政府信息公开申请。杨某在申请表“信息名称”一栏填写的内容为：“政府信息公开《环境信访办法》第2条和第16条第一项法规不是依法行政的法律依据。”2013年7月25日，环保部作出信息公开告知书，并于2013年7月26日以电子邮件方式送达原告。原告不服，于2013年8月30日向人民法院提起诉讼。

法院庭审中，原告明确表示其申请公开的信息有三项：即被告制定《环境信访办法》第二条和第十六条第（一）项的法律依据、制定过程及召开听证会的信息。

法院经审理认为：根据《政府信息公开条例》第一条的规定，该条例的制定目的在于保障公民、法人或其他组织依法获得政府信息的权利，单纯的行政咨询事项并不属于该条例的调整范围。故原告要求撤销信息公开告知书，并判令被告对原告的政府信息公开申请重新答复的诉讼主张缺乏事实及法律依据，法院不予支持，判决驳回原告的全部诉讼请求。

【解答与分析】

（136）人民法院受理哪些因环境信息公开提起诉讼的案件？

根据《最高人民法院关于审理政府信息公开行政案件若干问题的规定》第一条的规定，公众认为下列政府信息公开工作中的具体行政行为侵犯其合法权益，依法提起行政诉讼的，人民法院应当受理：

（一）向行政机关申请获取政府信息，行政机关拒绝提供或者逾期不予答复的；

（二）认为行政机关提供的政府信息不符合其在申请中要求的内容或者法律、法规规定的适当形式的；

（三）认为行政机关主动公开或者依他人申请公开政府信息侵犯其商业秘密、个人隐私的；

（四）认为行政机关提供的与其自身相关的政府信息记录不准确，要求该行政机关予以更正，该行政机关拒绝更正、逾期不予答复或者不予转送有权机关处理的；

（五）认为行政机关在政府信息公开工作中的其他具体行政行为侵犯其合法权益的。

（137）人民法院对于哪些因环境信息公开提起诉讼的案件不予受理？

根据《最高人民法院关于审理政府信息公开行政案件若干问题的规定》第二条的规定，公众对下列行为不服提起行政诉讼的，人民法院不予受理：

（一）因申请内容不明确，行政机关要求申请人作出更改、补充且对申请人权利义务不产生实际影响的告知行为；

（二）要求行政机关提供政府公报、报纸、杂志、书籍等公开出版物，行政机关予以拒绝的；

（三）要求行政机关为其制作、搜集政府信息，或者对若干政府信息进行汇总、分析、加工，行政机关予以拒绝的；

（四）行政程序中的当事人、利害关系人以政府信息公开名义申请查阅案卷材料，行政机关告知其应当按照相关法律、法规的规定办理的。

（138）公众因政府信息公开提起行政诉讼的法律基础是什么？

《政府信息公开条例》第三十三条第一款规定："公民、法人或者其他组织认为行政机关不依法履行政府信息公开义务的，可以向上级行政机关、监察机关或者政府信息公开工作主管部门举报。收到举报的机关应当予以调查处理。"第二款规定："公民、法人或者其他组织认为行政机关在政府信息公开工作中的具体行政行为侵犯其合法权益的，可以依法申请行政复议或者提起行政诉讼。”《环境保护法》第五十三条规定：“公民、法人和其他组织依法享有获取环境信息、参与和监督环境保护的权利。”

根据上述法律规定，公众因为政府信息公开提起行政诉讼的法律基础是公众的知情权受法律保护，因知情权受到侵害，公众可以提起行政诉讼。

三、信息公开案件被告主体

【案例47】

省环保厅收到所辖的市环保局“环评报告书中参与公众的个人信息是否属于公开范围”请示后，作了“环评报告书中参与公众的个人信息属于个人隐私，不宜公开”的答复。市环保局将省环保厅的答复作为依据，在对申请人公开环境影响报告书时，省略了公众参与部分。申请人以此为由，向人民法院对市环保局提起了行政诉讼。

市环保局将省环保厅的“答复”作为证据提交后，原告向法院申请追加省环保厅为共同被告，法院认为原告的请求符合法律规定，遂追加省环保厅为本案的共同被告。

【解答与分析】

（139）什么情况下环保部门会成为信息公开诉讼的被告？

根据《最高人民法院关于审理政府信息公开行政案件若干问题的规定》第四条的规定，公众对国务院部门、地方各级人民政府及县级以上地方人民政府部门依申请公开政府信息行政行为不服提起诉讼的，以作出答复的机关为被告；逾期未作出答复的，以受理申请的机关为被告。

公民、法人或者其他组织对主动公开政府信息行政行为不服提起诉讼的，以公开该政府信息的机关为被告。

公民、法人或者其他组织对法律、法规授权的具有管理公共事务职能的组织公开政府信息的行为不服提起诉讼的，以该组织为被告。

有下列情形之一的，应当以在对外发生法律效力的文书上署名的机关为被告：

（一）政府信息公开与否的答复依法报经有权机关批准的；

（二）政府信息是否可以公开系由国家保密行政管理部门或者省、自治区、直辖市保密行政管理部门确定的；

（三）行政机关在公开政府信息前与有关行政机关进行沟通、确认的。

（140）因环境信息公开提起诉讼，公众是否可以要求赔偿损失？

根据《最高人民法院关于审理政府信息公开行政案件若干问题的规定》第一条的规定，公民、法人或者其他组织认为政府信息公开行政行为侵犯其合法权益造成损害的，可以一并或单独提起行政赔偿诉讼。

但是，公众应当向法院提交因政府信息公开的行政行为侵犯其合法权益从而直接给其造成损害的证据，否则其诉讼请求很难得到人民法院的支持。

（141）因排污单位不公开环境信息，环保部门是否可能成为被告？

公众向环保部门申请公开自身的环境信息和环保部门在行政过程中掌握的排污单位的环境信息，如果环保部门没有依法公开，将会成为被告。

如果公众要求环保部门依法责令重点排污单位公开环境信息并给予相应处罚，而环保部门没有履行，则环保部门会成为被告。

公众如果有环保部门对不公开环境信息的重点排污单位行政不作为的证据，有权以不作为的环保部门作为被告，直接提起行政诉讼。

四、环保部门的注意事项

【案例48】

作为省环保厅法律顾问的河北马倍战律师事务所，针对全省的环境信息公开工作提出了如下建议：

（一）加强信息公开能力建设。各级环保部门应当尽快设置专门负责环境信息公开的内部机构，专门负责环境信息公开工作；应当尽快建立环境信息公开的工作制度，加强对专职人员的工作方法和工作能力培训。省环境保护厅应当督促下级环保部门提高环境信息公开意识，加强信息公开能力建设，防止渎职行为发生。

（二）树立依法开展环境保护的意识。各级环保部门应当牢固树立一切行为必须依法，所有程序一定合法的观念，把依法行政的要求贯穿到环境保护的决策、执行、监督等各个环节。对容易引起行政复议和行政诉讼的政府信息公开申请工作，要完善制度，规范程序，专人负责，落实责任，不断提高依法行政工作水平，加快法治政府建设。

（三）建立统一的环境信息公开平台。由各地环保部门独立建立环境信息公开平台的缺点是：各个环保部门分别建立自身的信息公开平台工作量大、费用高；公众因不能获取有关信息从而频繁地申请信息公开，增加了环保部门的负担；各个环保部门将信息发布在不同的地方，不利于上级环保部门监管。而建立统一的环境信息公开平台，可以有效地解决上述问题。

【解答与分析】

（142）环保部门公开环境信息的期限应当如何计算？

《政府信息公开条例》第二十四条规定，“行政机关收到政府信息公开申请，能够当场答复的，应当当场予以答复。行政机关不能当场答复的，应当自收到申请之日起 15 个工作日内予以答复；如需延长答复期限的，应当经政府信息公开工作机构负责人同意，并告知申请人，延长答复的期限最长不得超过 15 个工作日。申请公开的政府信息涉及第三方权益的，行政机关征求第三方意见所需时间不计算在本条第二款规定的期限内。”《最高人民法院关于执行〈中华人民共和国行政诉讼法〉若干问题的解释》第九十七条规定，“人民法院审理行政案件，除依照行政诉讼法和本解释外，可以参照民事诉讼法的有关规定。”《民事诉讼法》第八十二条第二款规定，“期间以时、日、月、年计算。期间开始的时和日，不计算在期间内。”环保部门公开环境信息的期限应当根据上述法律规定计算。

（143）环保部门在环境信息公开工作中应当注意哪些法律问题？

（一）环保部门拒绝向申请人提供政府信息的，应当对拒绝的根据以及履行法定告知和说明理由义务的情况在法庭上举证。

（二）环保部门以申请人申请公开的信息涉及商业秘密或个人隐私为由拒绝提供的，应当对认定该信息属于商业秘密和个人隐私在法庭上提供证据。

（三）根据环境保护部的《建设项目环境影响评价政府信息公开指南》的要求，环评报告书（表）应当全本公开，使公众能够获得环评文件的全部信息。

（四）根据《政府信息公开条例》第二条的规定，政府信息不但包括本机关制作的信息，还包括本机关在履行职责过程获取的、以一定形式记录、保存的信息。

（五）即使申请人申请公开的政府信息很多，环保部门也不能以此为由拒绝公开、延期公开或者部分公开。

（144）公众申请环境信息公开是否必须证明是利害关系人？

《政府信息公开条例》第十三条规定：除本条例第九条、第十条、第十一条、第十二条规定的行政机关主动公开的政府信息外，公民、法人或者其他组织还可以根据自身生产、生活、科研等特殊需要，向国务院部门、地方各级人民政府及县级以上地方人民政府部门申请获取相关政府信息。根据该规定，公民申请公开一般政府信息应当有一定的动机，但法律并没有规定信息公开机关有权审查申请人的申请动机。

《环境保护法》第五十三条规定：“公民、法人和其他组织依法享有获取环境信息、参与和监督环境保护的权利。”

《环境信息公开办法（试行）》第五条规定：公民、法人和其他组织可以向环保部门申请获取政府环境信息。根据该规定，公众申请获取环境信息，无需说明动机；申请人因行政机关拒绝提供信息而起诉到法院的，法院也不应要求申请人说明动机。

根据特别法优于一般法、上位法优于下位法、新法优于旧法的法律适用原则，公众申请环境信息公开的主体资格应当适用《环境保护法》和《环境信息公开办法（试行）》的规定。也即，任何社会公众都有权申请环境信息公开。

第四章　环境案件移送

第一节　环境案件移送概述

一、环境案件移送的概念

【案例 49】

2013 年 8 月，有群众向县环保局环境监察大队举报，称有人经常性地用罐车向县城北侧的一个渠沟排放液体废物，现在就有一辆满载液体废物的罐车向那里驶去。

县环保局监察大队马上派出由 3 人组成的小组赶赴现场，发现确实有一个人从车上司机的位置下来，拧开了罐车的阀门，开始排放液体废物。监察大队的一个人正想上前制止，另一个人说："且慢，法律规定排放废物 3 t 以上才构成犯罪，等他倒完这一车，估计至少也有 6 t，达到了犯罪标准，我们再去抓他。"

等这辆车把废物排放完毕，监察大队的人一哄而上，将罐车的司机押到车上，连人带车送到了县公安局。

【解答与分析】

(145) **为什么是"移送"而不是"移交"案件？**

环境案件移送，是指政府环保行政主管部门或其他负有环境保护职责的政府行政部门，在行政执法的过程中，发现案件不属于本部门处理，将案件的有关证据和资料转移给有权处理的单位，由其进行处理的过程。

因为移送案件的部门应当将案件转移和送到有权处理案件的单位进行处理，所以该过程叫“移送”。因为“移交”一词不能表达“送到”的意思，所以不说“移交”案件。

（146）为什么是移送“案件”而不是移送“人”？

我国《刑法》对单位犯罪的处罚绝大多数是采取两罚制，也就是对单位处以罚金刑，对直接负责的主管人员和其他直接责任人员处以自由刑或罚金和没收财产。

对直接负责的主管人员和其他直接负责人员处以刑罚时，主要是以自由刑为主，当然也有适用罚金和没收财产的。在适用自由刑时，大部分与个人犯罪的刑罚相同，一部分低于个人犯罪的刑罚。

每一起刑事案件及行政拘留案件都涉及相关人员，但是移送案件的部门移送的是案件而非有关人员。那种“将有关责任人移送有关机关处理”的说法是错误的。

（147）案件移送对环保部门有何意义？

案件移送对于环保部门来说，有三方面的意义：

一是依法履行职责。法律规定应当移送，环保部门移送案件是依法行政和落实各有关部门各司其职的需要。

二是减轻工作负担。及时将案件移送，可以大大减轻环保部门的工作负担，环保部门可以集中精力做好分内工作。

三是规避法律风险。如果将应当移送的案件留在自己的部门，可能发生渎职行为，有关人员可能会被追究渎职责任。

二、环境案件移送的范围

【案例 50】

县环保局通过一轮的环境执法大排查，发现下列涉嫌环境行政犯罪的行为，准备移送公安机关处理：

（一）A 在村头开办了镀锌企业，将不经处理的污水直接排放到厂区东侧的一个水坑；

（二）B 开办一家废矿物油加工厂，擅自收集、储存和处置危险废物，严重污染环境；

（三）C 开办了一家印染小作坊，将未经处理的废水直接注入厂区内的渗井。

同时，县环保局还发现一些生产经营单位存在其他方面的违法行为：

（一）D 在自己的家里开办了一个生产塑料颗粒的作坊，没有工商营业执照就开始生产；

（二）E 企业成立于 2012 年，在村委会批给的一块地上盖起了厂房，开展螺栓、螺母加工业务，没有环评，也没有土地管理部门的用地审批手续；

（三）某镇以制革业为主，制革企业产生的废水满街横流，毁坏了村民的农田和庄稼。F 担任该镇环保所的所长，有渎职的嫌疑。

【解答与分析】

（148）环保部门应当移送哪些环境案件？

环保部门应当移送的案件大体包括两类：

（一）向政府行政主管部门移送案件

1．向土地管理部门移送土地违法案件。

2．向工商管理部门移送无营业执照经营案件。

3．向有关行政机关移送其他行政违法案件。

（二）向司法机关移送案件

1. 向公安机关移送环境行政拘留案件。

2. 向公安机关移送环境刑事案件。

3. 向检查机关移送环境渎职犯罪案件。

（149）环保部门可以向检察机关移送案件吗？

环保部门、工商部门、土地部门、公安部门都是政府的组成部门，政府的组成部门之间可以相互移送案件。而人民检察院是国家的法律监督机关，依法履行法律监督职能，保证国家法律的统一和正确实施，并依法对贪污案、贿赂案、侵犯公民民主权利案、渎职案以及认为需要自己依法直接受理的其他刑事案件进行侦查。环保部门在行政执法过程中，如果发现贪污案件、贿赂案件、渎职案件，应当移送人民检察院处理。

（150）环保部门可以向人民法院移送案件吗？

根据《宪法》的规定，人民法院是国家的审判机关。人民法院作为国家的审判机关，在性质上不同于国家权力机关、国家行政机关，也不同于国家检察机关，而是专门行使国家审判权的机关。审判权，是指人民法院依照法律对刑事案件、民事案件、行政案件和其他案件进行审理和判决的权力。人民法院依照法律规定独立行使审判权，不受行政机关、社会团体和个人的干涉。

根据上述规定，政府环保部门无权直接将案件移送法院处理。如果环保部门将可执行的行政案件交给法院处理，此种行为叫作“申请强制执行”，而不叫“移送”。

三、环境案件移送的程序

【案例 51】

2014 年 5 月，市环境监察支队在对某企业进行现场检查时，发现该企业的厂区内有一眼渗井，且渗井中存有污水。于是，现场检查人员偷偷将渗井录像取证，交回到市环保局。

市环保局的领导经过集体研究，认为该企业利用渗井排污正好符合最高人民法院、最高人民检察院《关于办理环境污染刑事案件适用法律若干问题的解释》中规定的“利用暗管、渗井排污”的情形。大家一致认为，此种情形属于行为犯，一经发现即构成犯罪，因此决定由环境监察支队立即移送市公安局。

市公安局接受案件后，对案件进行了审查，一周后给予了市环境监察大队电话答复：此案缺少涉案企业排放污染物的种类和数量的证据，因此决定不予立案。

市环保局接到通知后，决定对该企业给予罚款的行政处罚，不再将案件移送公安机关。

【解答与分析】

(151) **环境案件移送的正确程序是什么？**

2007年，国家环境保护总局、公安部、最高人民检察院联合发布的《关于环境保护行政主管部门移送涉嫌环境犯罪案件的若干规定》（环发〔2007〕78号），对环保机关移送环境刑事犯罪案件的程序作了规定：

环境保护行政主管部门在查处环境违法行为的过程中，发现有符合移送条件的案件，应当立即指定两名或者两名以上行政执法人员组成专案组专门负责，核实情况后提出移送案件的书面报告，报经本部门正职负责人或者主持工作的负责人审批。收到报告的负责人应当自接到报告之日起三个工作日内作出是否批准移送的决定。决定批准的，法制工作机构应当在二个工作日内办理向同级公安机关或者人民检察院移送手续；决定不批准的，应当将不予批准的理由记录在案。

《行政执法机关移送涉嫌犯罪案件的规定》（国务院第310号令）作过相

似的规定。环保部门应当按照上述规定程序的要求，向公安机关和人民检察院移送案件。

（152）移送环境案件后还需处理哪些工作？

《关于环境保护行政主管部门移送涉嫌环境犯罪案件的若干规定》第八项规定，“环境保护行政主管部门应当在向公安机关移送案件后的十日内向公安机关查询立案情况。对公安机关不予立案通知书有异议的，环境保护行政主管部门应当自收到不予立案通知书之日起的三日内，提请作出不予立案决定的公安机关复议，也可以建议人民检察院依法进行立案监督。作出不予立案决定的公安机关应当自收到环境保护行政主管部门提请复议申请之日起三日内作出复议决定并书面通知提出行政复议申请的环境保护行政主管部门；环境保护行政主管部门对公安机关不予立案的复议决定仍有异议的，应当自收到复议决定通知书之日起三日内建议人民检察院依法进行立案监督。”第九项规定，“环境保护行政主管部门对公安机关决定不予立案的案件，应当依法作出处理。其中，依照有关法律、法规或者规章的规定应当给予行政处罚的，应当依法实施行政处罚；被退回的移送案件的有关责任人员属于国家行政机关任命的人员的，应当将案件移送有管辖权的监察部门处理。”环保部门应当按照上述规定进行处理。

（153）接受移送的机关不收案件也不说明如何处理？

环保部门认为环境违法行为符合移送的条件，并按照法律规定整理相关材料向有关机关移送。如果有关机关既不接收案卷材料，也不出具拒绝接收的书面材料，环保部门有两种处理方式。

一是与有关机关进一步沟通，争取达成共识。如果有关机关仍坚持不接收案卷，环保部门可以向接收单位的上级部门、同级人民政府、人民检察院、纪律和监察机关反映情况，督促有关机关依法履行职责。

二是通过邮寄的方式向有关机关寄送材料，通过送达记录证明环保部门已经对案件移送以及有关机关已经收到移送材料，避免环保部门承担没有移送案件的责任。

四、环境案件移送的依据

【案例 52】

2014 年 4 月下旬，市公安局接到了一封举报信。举报人在信中揭发某化工有限公司法人代表韩某利用卧式储罐，预设地下、水下暗管，将废酸偷排至经济开发区的一条河流。

2014 年 5 月 9 日，公安和环保部门联合执法，对某村废酸存储窝点突击检查。环境执法人员根据下水道内暗管的走向、举报信中所描述的偷排点位置，找到了位于盐酸仓库西边的偷排点。

在现场查看时发现，一共有 3 个卧罐、5 个竖罐放置在盐酸储存仓库，许多管道连接到用一块板盖住的下水道内。

在枯黄的芦苇区边上，环境执法人员又发现一块水泥板，把水泥板取掉后，有一根暗管直接连到河里。环境执法人员马上用 pH 试纸对河水进行了测量，pH 试纸呈现红色，办案人员确定河水具有相当强的酸性。

环境执法人员发现，8 个用于存储的大型立罐、卧罐，罐体下私设的暗管如一张“蜘蛛网”，密密麻麻地直接伸向海河，导致偷排点至入江口近 3 千米范围的水域受到严重污染。

在掌握了确凿证据后，治安支队联合市公安局，将化工贸易有限公司法人代表韩某及守门人张某一举抓获。

据犯罪嫌疑人韩某交代，收购回来的盐酸销售了一部分，另一部分销售不掉，因仓库小无法储存，所以就全部排进了海河。

值得注意的是，举报人在向环保部门反映问题的同时，也将线索举报至公安部门，这表明举报人比较了解政策和法律法规。为避免“以罚代刑”，举报人选择依靠公安部门的力量打击环境污染犯罪。

【解答与分析】

(154)环保部门移送案件的法律依据是什么?

2001 年国务院《行政执法机关移送涉嫌犯罪案件的规定》

2007 年国家环保总局、公安部、最高人民检察院《关于环境保护行政主管部门移送涉嫌环境犯罪案件的若干规定》

2010 年环保部《环境行政处罚办法》

2011 年国务院法制办等部门《关于加强行政执法与刑事司法衔接工作的意见》

2011 年河北省人民政府法制办等部门《河北省关于加强行政执法与刑事司法衔接工作的实施意见》

2013 年环保部、公安部《关于加强环境保护与公安部门执法衔接配合工作的意见》

2015 年《环境保护法》

2015 年《行政主管部门移送适用行政拘留环境违法案件暂行办法》

(155)环保部门可否依照《治安管理处罚法》移送案件?

《治安管理处罚法》第三十条规定:"违反国家规定,制造、买卖、储存、运输、邮寄、携带、使用、提供、处置爆炸性、毒害性、放射性、腐蚀性物质或者传染病病原体等危险物质的,处十日以上十五日以下拘留;情节较轻的,处五日以上十日以下拘留。"《治安管理处罚法》的执行机关是公安机关,公安机关应当直接办理法律中规定的案件。环保部门在环境行政执法过程中,如果发现涉及本条规定的违法行为,只需通知公安机关处理即可,不必按照移送案件的程序移送。

(156)"两高"司法解释是环保部门行政执法的依据吗?

司法解释是立法机关授予最高人民法院和最高人民检察院在审判过程中

和检察过程中对适用法律问题所作出的具有法律效力的阐释和说明的权力。

司法解释分为解释、规定、批复、决定四种形式。

①对在审判工作中如何具体应用某一法律或者对某一类案件、某一类问题如何应用法律制定的司法解释，采用“解释”的形式。

②根据立法精神对审判工作中需要制定的规范、意见等司法解释，采用“规定”的形式。

③对高级人民法院、解放军军事法院就审判工作中具体应用法律问题的请示制定的司法解释，采用“批复”的形式。

④修改或者废止司法解释，采用“决定”的形式。

司法解释对于各级人民法院、人民检察院的审判、检察工作具有普遍性的约束力，对于环保部门及其他行政机关的行政行为不具有约束力。但是，环保部门在作出具体行政行为和制作证据时，应当尽可能符合司法解释中的规范和要求。

第二节 环境行政拘留案件的移送

一、环境行政拘留的适用情形

【案例 53】

2015 年 5 月，县环保局经过一段时间的现场检查，通过对案件整理和汇总，发现以下可能需要将责任人移送公安机关行政拘留的案件，交由政策法规科向河北马倍战律师事务所并进行提供法律意见：

（一）A 单位的建设项目没有依法进行环境影响评价，曾于 2014 年 5 月在建设期间被责令补办环评，项目于 2014 年 12 月底竣工并投入生产。

（二）B 企业的排污许可证已经过期，没有按照有关规定补办，但是企业继续生产和排放污染物。

（三）C 企业的污染处理设备突然不能正常运行，但企业仍在继续生产和排放污染物。

（四）D租用一处民宅，生产一种新型的、未经国家批准的农药，被环保局责令停止生产，但仍然继续生产。

（五）E企业在环保部门工作人员进行现场检查时大门紧闭，不许检查人员进行厂区，还放出恶犬对检查人员狂吠。

【解答与分析】

（157）环境行政拘留案件的适用范围是什么？

根据《环境保护法》第六十三条的规定，企业事业单位和其他生产经营者有下列行为之一，尚不构成犯罪的，除依照有关法律法规规定予以处罚外，由县级以上人民政府环境保护主管部门或者其他有关部门将案件移送公安机关，对其直接负责的主管人员和其他直接责任人员，处十日以上十五日以下拘留；情节较轻的，处五日以上十日以下拘留：

（一）建设项目未依法进行环境影响评价，被责令停止建设，拒不执行的；

（二）违反法律规定，未取得排污许可证排放污染物，被责令停止排污，拒不执行的；

（三）通过暗管、渗井、渗坑、灌注或者篡改、伪造监测数据，或者不正常运行防治污染设施等逃避监管的方式违法排放污染物的；

（四）生产、使用国家明令禁止生产、使用的农药，被责令改正，拒不改正的。

（158）“未评先建、拒不改正”包括哪些情形？

根据《行政主管部门移送适用行政拘留环境违法案件暂行办法》第三条的规定，《环境保护法》第六十三条第（一）项规定的建设项目未依法进行环境影响评价，被责令停止建设，拒不执行的行为，包括以下情形：

（一）送达责令停止建设决定书后，再次检查发现仍在建设的；

（二）现场检查时虽未建设，但有证据证明在责令停止建设期间仍在建设的；

（三）被责令停止建设后，拒绝、阻扰环境保护主管部门或者其他负有环境保护监督管理职责的部门核查的。

(159)“无证排污、拒不改正”包括哪些情形？

根据《行政主管部门移送适用行政拘留环境违法案件暂行办法》第四条的规定，《环境保护法》第六十三条第（二）项规定的违反法律规定，未取得排污许可证排放污染物，被责令停止排污，拒不执行的行为，包括以下情形：

（一）送达责令停止排污决定书后，再次检查发现仍在排污的；

（二）现场检查虽未发现当场排污，但有证据证明在被责令停止排污期间有过排污事实的；

（三）被责令停止排污后，拒绝、阻挠环境保护主管部门或者其他具有环境保护管理职责的部门核查的。

二、对未评先建行为的具体适用

【案例54】

某县环保局发现辖区内企业存在下列违法情形：

（一）第一类企业没有依法进行环境影响评价，在环保部门对其下达责令停止建设决定书之前，就已经投入生产。

（二）第二类企业没有依法进行环境影响评价，环保部门在其建设期间对其下达责令停止建设决定书，但项目继续建设。

（三）第三类企业向市环保部门报送了环境影响评价文件且得到了批准，但是项目建设与环评批复明显不一致。

县环保局将案件提交本局法律顾问河北马倍战律师事务所，研究是否适用环境行政拘留。

【解答与分析】

（160）未评先建并已投产是否适用行政拘留？

根据《环境保护法》第六十三条第（一）项的规定，环保部门将案件移送公安机关前，应当先对行政违法相对人下达责令停止建设决定书。对于未评先建并已投产的排污单位，如果在其建设期间已经下达过停止建设决定书，再次检查时则无论其是否投产，只要有证据证明在责令停止建设期间仍在建设的，或者拒绝、阻扰环保部门核查，则可将案件移送公安机关，对有关责任人实施行政拘留。

（161）"批建不一"的案件是否适用行政拘留？

《环境保护法》第六十一条规定，建设单位未依法提交建设项目环境影响评价文件或者环境影响评价文件未经批准，擅自开工建设的，由负有环境保护监督管理职责的部门责令停止建设，并依法给予其他处理。从上述规定看，该条规定仅仅适用于"未提交建设项目环境影响评价文件"和"环境影响评价文件未经批准"两种情形。但是，如果对"批建不一"的行为不加制止，可能会造成这种行为的泛滥。因此，在环保行政处罚时，应当认定"批建不一等同于没有环评文件"。但是，对于行政拘留这种限制人身自由的行为措施，应当谨慎适用。

（162）有环评但又扩建的情形是否适用行政拘留？

《环境影响评价法》第二十四条第一款规定，"建设项目的环境影响评价文件经批准后，建设项目的性质、规模、地点、采用的生产工艺或者防治污染、防生态破坏的措施发生重大变动的，建设单位应当重新报批建设项目的环境影响评价文件。"

《环境影响评价法》第三十一条规定，"建设单位未依法重新报批环境影响评价文件，擅自开工建设的，由有权审批该项目环境影响评价文件的环境保护行政主管部门责令停止建设，限期补办手续；逾期不补办手续的，可以处五万元以上二十万元以下的罚款，对建设单位直接负责的主管人员和其他直接责任人员，依法给予行政处分。”

《环境保护法》第六十三条规定“企业事业单位和其他生产经营者有下列行为之一，尚不构成犯罪的，除依照有关法律法规规定予以处罚外，由县级以上人民政府环境保护主管部门或者其他有关部门将案件移送公安机关，对其直接负责的主管人员和其他直接责任人员，处十日以上十五日以下拘留；情节较轻的，处五日以上十日以下拘留：（一）建设项目未依法进行环境影响评价，被责令停止建设，拒不执行的；（二）违反法律规定，未取得排污许可证排放污染物，被责令停止排污，拒不执行的；（三）通过暗管、渗井、渗坑、灌注或者篡改、伪造监测数据，或者不正常运行防治污染设施等逃避监管的方式违法排放污染物的；（四）生产、使用国家明令禁止生产、使用的农药，被责令改正，拒不改正的。”

从上述规定看，并结合《环境保护法》第六十一条的规定，“未进行环境影响评价开始建设”和“项目建设与环境影响评价批复不一致”是两种不同的违法行为。对于前一种违法行为，因新的《环境保护法》规定任何环保部门都有权处置；但对于后一种行为，《环境保护法》没有作出规定，而环保特别法也没有作出修改，因此还应当依据原有的法律规定处置，不适用于行政拘留。

三、对无证排污行为的具体适用

【案例55】

某县环保局发现辖区内企业存在下列违法情形：

（一）第一类企业，环保部门曾经为其发放过排污许可证，新环保法实施后，环保部门停发了这些企业的排污许可证。

（二）第二类企业是小型饭店，这类企业数量较多，有工商营业执照，但长期以来均在没有排污许可证的情况下营业。

（三）第三类企业是路边的储煤场，这类经营者没有任何环保手续，也无合法的用地手续，造成的污染非常严重。

县环保局将案件提交本局法律顾问河北马倍战律师事务所，研究是否适用环境行政拘留。

【解答与分析】

（163）排污许可证已过期排污是否适用行政拘留？

根据各地的排污许可证管理法规，对排污许可证过期后没有重新申办的行为应当视为没有排污许可证。没有排污许可证排污的行为无疑属于违法排污行为，环保部门应当按照有关法律规定给予行政处罚。环保部门应当依照《环境保护法》第六十三条第（二）项的规定，在责令停止违法行为后，如果排污人仍存在排污违法行为的，将案件移送公安机关，对有关责任人实施行政拘留。

（164）小型饭店无许可证经营是否适用行政拘留？

根据《环境保护法》和《大气污染防治法》《水污染防治法》等法律的规定，我国对排放大气污染物和水污染物的排污单位实行许可证管理。也即，只要生产经营者向环境排放大气污染物和水污染物，都必须办理排污许可证。

根据上述规定，生产经营者无论规模大小，无论排放污染物的数量多少，只要符合法律规定的条件的，都应将案件移送公安机关，对有关责任人实施行政拘留。

（165）对路边储煤场是否可按无“排污许可证排污”处罚？

路边的储煤场一般没有办理任何土地手续，违法占地，没有任何污染防治设施，严重污染环境，影响村民的生产和生活，是各地政府和环保部门管理的重点。环保部门可以采取以下行政措施：（一）依照没有排污许可证排污的相关规定对其给予行政处罚；（二）在责令其停止排污、拒不执行时，将案件移送公安机关，由公安机关对有关责任人实施行政拘留；（三）实行按日连续处罚；（四）对运煤的车辆采取查封、扣押的强制措施。

四、对逃避监管行为的具体适用

【案例 56】

2015 年 1 月，市环境监察支队通过检查发现，某罐头加企业在厂区内建了一条用水泥做的水沟，将废水排到了一个经过简单防渗处理的水池。此外，这家企业也没有按照市环保局的要求安装在线监测设备，仅仅安装了可以简单处理的污水处理设施。在对该企业的负责人是否适用行政拘留的问题上，产生了分歧。一种观点认为，《行政主管部门移送适用行政拘留环境违法案件暂行办法》只规定了删除、修改监测数据和破坏、损毁环境监测设施的情形适用行政拘留，未规定没有安装监测设备的情形适用行政拘留，环保部门不得任意作法律的“扩大解释”；另一种观点认为，不正常运行已经安装的环境监测设施都适用行政拘留，如果不安装环境监测设施不适用行政拘留，这恐怕也不是立法的本意。就此问题，市环境监察支队咨询了河北马倍战律师事务所。

【解答与分析】

（166）“明渠”排污是否属于“以逃避监管方式”排污？

《行政主管部门移送适用行政拘留环境违法案件暂行办法》第五条规定，《环境保护法》第六十三条第（三）项规定的通过暗管、渗井、渗坑、灌注等逃避监管的方式违法排放污染物，是指通过暗管、渗井、渗坑、灌注等不经法定排放口排放污染物等逃避监管的方式违法排放污染物。

暗管是指通过隐蔽的方式达到规避监管目的而设置的排污管道，包括埋入地下的水泥管、瓷管、塑料管等，以及地上的临时排污管道；

渗井、渗坑是指无防渗漏措施或起不到防渗作用的、封闭或半封闭的坑、池、塘、井和沟、渠等；

灌注是指通过高压深井向地下排放污染物。

根据上述规定，只要没有经过法定排污口排放污染物，就属于“通过暗管、渗井、渗坑、灌注等逃避监管的方式违法排放污染物”的情形。

(167)“不安装污染物监控系统”排污是否属于“以逃避监管方式”排污？

《行政主管部门移送适用行政拘留环境违法案件暂行办法》第六条规定，《环境保护法》第六十三条第（三）项规定的通过篡改、伪造监测数据等逃避监管的方式违法排放污染物，是指篡改、伪造用于监控、监测污染物排放的手工及自动监测仪器设备的监测数据，包括以下情形：

（一）违反国家规定，对污染源监控系统进行删除、修改、增加、干扰，或者对污染源监控系统中存储、处理、传输的数据和应用程序进行删除、修改、增加，造成污染源监控系统不能正常运行的；

（二）破坏、损毁监控仪器站房、通讯线路、信息采集传输设备、视频设备、电力设备、空调、风机、采样泵及其他监控设施的，以及破坏、损毁监控设施采样管线，破坏、损毁监控仪器、仪表的；

（三）稀释排放的污染物故意干扰监测数据的；

（四）其他致使监测、监控设施不能正常运行的情形。

根据上述规定的立法宗旨，应当安装而不安装“污染物监控系统”的单位排污，在处罚上应当严于规定中的违法情形，应当视为“以逃避监管方式”排污。

(168)“不安装污染物处理设施”排污是否属于“以逃避监管方式”排污？

《行政主管部门移送适用行政拘留环境违法案件暂行办法》第七条规定，《环境保护法》第六十三条第（三）项规定的通过不正常运行防治污染设施等逃避监管的方式违法排放污染物，包括以下情形：

（一）将部分或全部污染物不经过处理设施，直接排放的；

（二）非紧急情况下开启污染物处理设施的应急排放阀门，将部分或者全部污染物直接排放的；

（三）将未经处理的污染物从污染物处理设施的中间工序引出直接排放的；

（四）在生产经营或者作业过程中，停止运行污染物处理设施的；

（五）违反操作规程使用污染物处理设施，致使处理设施不能正常发挥处理作用的；

（六）污染物处理设施发生故障后，排污单位不及时或者不按规程进行检查和维修，致使处理设施不能正常发挥处理作用的；

（七）其他不正常运行污染防治设施的情形。

根据上述规定的立法宗旨，应当安装而不安装“污染物处理设施”的单位排污，应当严于对于上述情形的处罚，应当视为“以逃避监管方式”排污。

第三节　环境刑事案件的移送

一、环保部门的职责内容

【案例57】

某县境内有一级水源保护区和二级水源保护区。县环保部门和公安机关在联合执法中发现，某化工企业在一级水源保护区和二级水源保护区的交界处，向环境排放含有苯和酚的物质，但是没有对环境造成明显损害。

县环保局首先给予该企业罚款处罚，然后与当地公安机关一起对案件调查取证。

县公安局经过研究认为，该案应当依照“两高”《关于办理环境污染刑事案件适用法律若干问题的解释》第一条第（一）项的情形处理，但环保部门应当出具该化工企业排污地点属于“一级水源保护区”的证明，以及“所排放的污染物属于有毒物质”的证明，否则该案不能立案。

【解答与分析】

（169）对于涉嫌环境犯罪的案件可以先予行政处罚吗？

《行政执法机关移送涉嫌犯罪案件的规定》第十条规定：“行政执法机关对公安机关决定不予立案的案件，应当依法作出处理；其中，依照有关法律、法规或者规章的规定应当给予行政处罚的，应当依法实施行政处罚。”

根据上述规定，环保部门对于涉嫌环境污染刑事犯罪的案件，应当先向公安机关移送；等公安机关不予立案后，再实施行政处罚。如果环保部门在行政处罚前已经知道案件属于刑事案件，则不宜实施行政处罚。

（170）出具饮用水水源保护区证明属于环保部门职责吗？

由原国家环境保护局、原卫生部、原建设部等 5 部门共同制定的《饮用水水源保护区污染防治管理规定》第二十条规定：“各级人民政府的环境保护部门会同有关部门作好饮用水水源保护区的污染防治工作并根据当地人民政府的要求制定和颁布地方饮用水水源保护区污染防治管理规定。”第二十一条规定：“饮用水水源保护区由地方环境部门会同水利、地质矿产、卫生、建设等有关部门共同划定，报经县级以上人民政府批准。跨省、市、县的饮用水水源保护区，其位置划定和管理办法，由保护区范围内的各级人民政府共同商定并报经上一级人民政府批准。”

根据上述规定，环保部门是水源地划定和监管的牵头部门，有义务出具关于水源地性质的证明文件。

（171）认定有毒物质属性属于环保部门的职责吗？

没有法律规定环保部门负有认定有毒物质的职责。对于一种物质是不是属于有毒物质，作为担负侦查职能的公安机关，首先应当通过鉴定和检验的方式，认定一种物质是不是属于有毒物质。

但是国家环境保护部门曾经制定过《危险废物鉴别标准》《固体废物鉴别导则》等技术法规，环保部门可以依据相应标准、导则对一种物质进行鉴别，并出具相应的证明材料。

二、环保部门的职责误区

【案例 58】

在由县政法委、县政府办公室组织召开的严厉打击环境犯罪行为协调会上，因为环保部门尚未向公安机关移送一起环境刑事案件，县环保局局长受到了市主管领导的批评，环保局局长当场表态：当月向公安机关移送一起刑事案件。

于是，环保局立即召开全体工作人员会议，向各科、室、站布置了工作任务：每个部门和单位一周之内必须提供一个案件线索，否则部门和单位负责人就地免职。

环评科组成两个小组，与当地公安机关联合执法，经过 3 天的线索寻找、布点、蹲坑和搜寻，终于扣住了从外地开来的三辆打算倾倒危废的汽车。联合执法小组当场将汽车和司机送往公安机关，公安机关当天就决定立案，按照刑事案件进行处理。

3 天后，公安机关给环保局打电话说，公安机关已经取证完毕，要求环保局将汽车中的危废处理掉。市环保局经过研究认为，处理这些危废需要数十万元的费用，且这不属于环保部门的职责，因此决定对公安机关的要求置之不理。

【解答与分析】

（172）**寻找环境刑事案件是环保部门的职责吗？**

环境保护行政主管部门的“正业”是当地的环境管理、环境行政处罚等环境行政工作，而对环境行政拘留案件和环境刑事案件的移送则属于“副业”。

环保部门不能把“副业”当作“正业”来做。

发现环境刑事案件并进行移送，是环保部门的职责所在。但该行政行为应当在环境行政执法的过程中完成，而非环保部门指定专人、安排专门时间去发现环境犯罪案件。

（173）环保部门可以与公安机关联合执法吗？

许多省级环保部门与公安机关联合发文，要求各级的环保部门和公安机关联合执法，严厉打击环境污染案件。但是从两部门的职责来说，其工作内容是有着严格区别的。

环保部门的职责是环境行政管理和行政执法，如果在工作过程中发现环境犯罪行为就向公安机关移送，其行使的权力是法律赋予的行政管理权。而公安机关的职责是对环境刑事案件进行侦查、取证，然后移送检察机关审查起诉，其行使的权力的是法律赋予的侦查权。无论环保部门行使公安机关的侦查权，还是公安机关行使环保部门的行政管理权，都是越权行为。

（174）处理被扣的危废是环保部门的职责吗？

公安机关在办理刑事案件中扣押的车辆及其他物品属于证物。对于证物，公安机关应当依照《公安机关办理刑事案件程序规定》中的相关规定来处理。如果环保部门在行政执法过程中扣押了倾倒危废的车辆，那么这些车辆属于行政执法的证物，环保部门应当按照行政执法证物的规则来处理。本案中，当地环保部门决定拒绝公安机关的要求是正确的。

三、环保部门的监测活动

【案例 59】

2013 年 10 月，路某在没有办理任何手续的情况下，在本村村西开设了热镀锌厂。生产经营期间，装有热镀液体槽子发生渗漏，路某遂将液体从一个槽子抽到另一个槽子，其间液体从管道中发生滴漏，致使部分液体流到厂区东侧的土坑。

2013 年 12 月 19 日，县公安局、县环保局执法人员对路某的热镀锌厂进行了执法检查，责成县环境监测站的技术人员对该厂废水进行了样品采集。

2013 年 12 月 25 日，县公安局向县环境监测站出具委托书，委托对路某热镀锌厂水样进行监测。2013 年 12 月 25 日，县公安局、县环保局又出具委托书，共同委托市环境监测站对污水样品进行了监测，监测项目为总锌、总铬。

2013 年 12 月 25 日，市环境监测站出具了监测报告，监测结果为总锌 52 976.8 mg/L，总铬未检出，总锌超过《污水综合排放标准》表 4 二级标准 10 594.4 倍。

2014 年 9 月 3 日，县环保局向市环保局报送了对路某热镀锌厂监测数据认可的申请，请求对监测报告予以认可。2014 年 9 月 25 日，市环保局向省环保厅报送了对路某热镀锌厂监测数据认可的申请，请求对监测证据予以认可。

2014 年 9 月 30 日，省环保厅向市环保局就路某热镀锌厂监测数据认可申请出具了复函，对监测报告中的监测数据予以认可。

2013 年 12 月 31 日，县环保局将路某涉嫌环境污染犯罪一案移送县公安局。2014 年 1 月 7 日，县公安局对路某涉嫌污染环境罪一案立案侦查。2014 年 11 月 20 日，县公安局将路某涉嫌污染环境罪一案移送县人民检察院审查起诉。

2015 年 4 月 22 日，县人民法院制作判决书，判处路某有期徒刑 8 个月，并处罚金人民币 1 万元。

路某不服一审判决，提起上诉。

【解答与分析】

（175）环境监测机构是否有司法鉴定机构的职能？

2013 年 6 月 19 日施行的最高人民法院、最高人民检察院《关于办理环境污染刑事案件适用法律若干问题的解释》第十一条第一款规定：对案件所涉的环境污染专门性问题难以确定的，由司法鉴定机构出具鉴定意见，或者由国务院环境保护部门指定的机构出具检验报告。

从该条款的规定可以看出，对案件所涉的环境污染专门性问题难以确定而需要进行鉴定、检验的，这样的机构分为两类：第一类是司法鉴定机构，第二类是国家环保部指定的机构。第一类机构应当具有相应的司法鉴定资质，第二类机构应当列于环保部公布的名录之中。

当不具备司法鉴定资质的环境监测机构被环保部指定可以对环境污染专门性问题进行检验时，这类机构实际上已经具备司法鉴定机构的功能，其出具的检验报告与司法鉴定机构出具的鉴定意见具有同等效力。

（176）检验报告是否可以作为刑事定罪的证据使用？

根据最高人民法院、最高人民检察院《关于办理环境污染刑事案件适用法律若干问题的解释》第十一条规定，只有监测数据需要经省级以上环保部门认可。

对于检验报告和鉴定意见，如果环保部门所属的机构不具备相关资质，就无权出具，办理案件的环保部门也无需提交认可，省级以上环保部门也无权认可。

最高人民法院、最高人民检察院《关于办理环境污染刑事案件适用法律若干问题的解释》第十一条规定，县级以上环境保护部门及其所属监测机构出具的监测数据，经省级以上环境保护部门认可的，可以作为证据使用。

县级以上环保部门所属的环境监测机构出具检验报告是否可以作为证据使用，则视其是不是环保部指定的专业机构而定，也即要看其是否具有出具检验报告的相关资质。

关于鉴定意见，只有司法鉴定机构才能出具，如果环保部门的所属机构具备相关资质，其鉴定意见也可作为证据使用。

（177）受托作出的监测报告能否作为刑事定罪的有效证据？

在环境刑事司法实践中，经常有环保部门在对污染物采样后，独自或者与公安机关一起委托某一环境监测机构出具监测报告，当监测报告中的数据达到刑事案件定罪标准时，环保部门将监测报告交由省级环保部门认可，公安机关以此作为证据立案侦查，检察机关以此作为证据提起公诉，法院据此作为证据作出有罪判决。但实际上，这样的监测报告是不能作为刑事定罪的有效证据的。理由是：

（一）环境检测是从布点、样品采集、运输和保存到分析测试、数据处理、综合评价的全过程。当环境监测机构接受外来样品进行所谓的“监测”时，该行为实际上成为检验、鉴定行为，该结论性意见应当称为检验结论或鉴定意见。根据法律规定，如果接受委托的机构没有司法鉴定资质，或者不属于环保部指定的机构，该结论性意见显然是不能作为刑事案件的证据使用的。

（二）受委托的环境监测机构没有开展现场调查、样品采集、样品运输和保存等前期工作，仅仅开展测试、分析、评价环节的工作，说明严重违反环境监测技术规范，其得出的结论性意见即使被强行冠以“环境监测报告”的名字，也是严重不符合技术规范的监测报告，是不能作为证据使用的。

四、刑事案件的证据标准

【案例 60】

2013 年 3 月至同年 11 月期间，被告人靳某在本村 135 号，未经工商及环保部门批准，未建污染物处理设施，非法从事金属件镀锌加工生产，并将生产过程中产生的废水直接排入厂房外农田，从中获利人民币 4 万余元。同年 11 月 22 日，市环境监察大队对被告人靳某加工厂内排出的废水进行采样，经隶属于市环境保护局的环境保护监测站监测，并经省环境保护厅认可，该涉案废水中含有六价铬重金属物质，且六价铬的含量为 306 mg/L，超过《电镀污染物排放标准》中国家污染物排放标准的 3 倍以上。

上述事实，被告人靳某在开庭审理过程中亦无异议，并有证人罗某、吴某的证言、市环境保护监测站出具的监测报告、省环境保护厅认可文件、现场勘查笔录及现场执法图片、监测（检测）项目委托单、污染源废水采样和交接记录、水样测试原始记录、监测报告质量保证说明书、情况说明、查获经过、抓获经过及被告人靳某的户籍证明等证据证实，足以认定。

【解答与分析】

（178）环境犯罪主体的证据标准有哪些？

如果是个人犯罪，应当有犯罪嫌疑人的身份证明，并要求犯罪嫌疑人在上面签字。

如果是单位犯罪，则应当取得单位的营业执照、机构代码证等复印件，并要求加盖单位印章；还应当取得谁是该单位主要责任人员的证明材料。

如果环保部门只发现犯罪行为而找不到犯罪嫌疑人，或无法确定犯罪嫌疑人，应当交由公安机关取得相关证据。能否确定犯罪嫌疑人，不是环保部门移送环境刑事案件的必要条件，也不是公安机关是否立案的必要条件。

（179）环境犯罪行为的证据标准有哪些？

（一）“排放、倾倒、处置”的证据

这三种行为应当通过询问笔录、现场勘查记录、照片、视频或其组合的方式证明。

（二）“非法”的证据

应当有能够证明犯罪嫌疑人“非法”的有关证明材料，包括无排污许可证排污、超标超总量排污，以及无环评手续排污等证据。

（三）“私设”的证据

应当出具犯罪嫌疑人非法的证明。

（四）“暗管”“渗井、渗坑”等证据

除了询问笔录、现场勘查记录，还应当有相关照片、视频佐证。

（180）环境犯罪标准的证据标准有哪些？

对应“两高”《关于办理环境污染刑事案件适用法律若干问题的解释》第一条第（一）至（五）项的内容，应当按照以下标准取得证据：

①对于第（一）项，应当具备犯罪嫌疑人排污的地点属于“饮用水水源一级保护区，自然保护区核心区”的证明文件。

②对于第（二）项，应当根据运输单、过磅单认定危险废物是否达到 3 吨以上；如无运输单，应当过磅认定。

③对于第（三）项，应当通过检测数据认定是否达到排放标准 3 倍以上（由环保部门完成）；如果没有监测数据，则需现场取样，由具备资质的机构进行检验。

④对于第（四）项，不需要犯罪标准的证据。

⑤对于第（五）项，应当由环保部门出具的排污单位受到行政处罚时间、种类、次数的证明材料。

犯罪行为涉及的物质是否属于法律规定的有放射性的废物、含传染病病原体的废物、有毒物质等物质，是构成犯罪的重要标准。

第四节 环境案件中的术语释义

一、排放、倾倒、处置、私设、暗管

【案例 61】

某环境治理有限公司系一家专业从事工业危险废物收集处置、再生资源利用和环境服务的科技环保企业。2014 年 6 月，该环境治理有限公司焚烧炉烟囱出现故障，需要几个月的时间才能修好，暂时无法处理从客户处运来的危险废物。因此，公司提出“对外处理”的方案，即通过个体司机将危险废物运出厂区处置。公司设计出了以下处置方案：

（一）将装有废物的各类桶丢在树林、山涧等隐蔽处；

（二）将液体废物装入罐车，在夜间洒落到公路上；

（三）将部分固体废物填埋在不易被人发现的地方；

（四）将既没有颜色又毒性不太大的废物倒入河中。

【解答与分析】

（181）如何理解“排放、倾倒、处置”等犯罪行为类型？

排放，是指把各种危险废物排入土地、水体、大气的行为，包括泵出、溢出、泄出、喷出、倒出等。

倾倒，是指通过船舶、航空器、平台或者其他载运工具，向土地、水体、大气倾卸的行为。

处置，是指以焚烧、填埋或其他改变物质属性的方式处理或者将其置于特定场所或者设施并不再取回的行为。

也可这样理解：处置包括排放、倾倒和其他处理污染物的方式。

（182）如何理解“暗管”、“渗井、渗坑”？

暗管：可能是“暗管”，也可能是“明渠”。只要犯罪嫌疑人采用隐蔽的、不易被人发现的方式，无论其是“明着”设置，还是“暗着”设置，无论是地上的，还是地下的，无论是“管”还是“沟”或“槽”，都应当视为暗管。

渗井、渗坑：有深度，是渗井；无深度，是渗坑；圆形的是渗坑，沟状的也是渗坑。只要是地上的用于渗透污染物的“凹处”，无论深浅，无论形状，不是渗井，就是渗坑。

（183）如何理解“私设暗管”中的“私设”？

政府环境保护行政主管部门是环境保护、污染防治的政府主管部门，任何排污行为以及排污设施的建设、排污口的设置都应向政府环保部门申报。

凡是没有向政府环保部门申报的排污设施，或者虽然向环保部门申报、环保部门应当审批而未批准的排污设施和排污口，都属于“私设”行为。

二、污染物、重金属、有毒物质

【案例 62】

2014 年 10 月，县环保局执法人员在农村一处非常隐蔽的院落里，发现一个制作咸菜的作坊。检查发现，该作坊每天用水泵将大量废水通过铺设在地上的一个塑料管，抽到在院内的一个坑内，直接渗入地下。经验测，其排放的污水中含有金属锡和苯甲酸。环保部门将案件移送公安机关后，公安机关向环保部门提出了几个问题，并请提供相关说明和依据：

（一）咸菜作坊排放的废水是否属于污染物？

（二）金属锡是否属于环境污染犯罪中的“重金属”？

（三）苯甲酸是否属于有毒物质？

【解答与分析】

（184）如何确定一种物质是否属于污染物？

《环境保护法》第四十二条规定，排放污染物的企业事业单位和其他生产经营者，应当采取措施，防治在生产建设或者其他活动中产生的废气、废水、废渣、医疗废物、粉尘、恶臭气体、放射性物质以及噪声、振动、光辐射、电磁辐射等对环境的污染和危害。该条规定了生产经营者防止污染的义务，同时也规定了我国污染物的种类。因此，确定一种物质是否属于污染物，可以通过归类的方式确定。

（185）如何确定一种污染物属于重金属？

金属锡是否属于环境污染刑事案件中的重金属？金属铜和金属铁呢？如何认定一种金属是否属于环境污染刑事案件中的重金属？

《最高人民法院、最高人民检察院关于办理环境污染刑事案件适用法律若干问题的解释》第十条关于有毒物质的范围中，第三款规定了“含有铅、汞、镉、铬等重金属的物质”。那么，除了明确列举出来的铅、汞、镉、铬，其他什么金属还属于此款中的重金属呢？

根据2011年国务院正式批复的《关于重金属污染综合防治“十二五”规划的批复》（国函〔2011〕13号）中的相关规定，含铅（Pb）、汞（Hg）、镉（Cd）、铬（Cr）和类金属砷（As）的污染物是重点防控的重金属污染物，含镍（Ni）、铜（Cu）、锌（Zn）、银（Ag）、钒（V）、锰（Mn）、钴（Co）、铊（Tl）、锑（Sb）的污染物是兼顾防控的重金属污染物。

因此，除了铅、汞、镉、铬之外，环境污染刑事案件中的重金属还包括砷、镍、铜、锌、银、钒、锰、钴、铊、锑。

（186）如何确定一种物质是否属于有毒物质？

有毒物质，是指通过接触、吸入、食用等方式进入机体，并对机体产生危害作用，引起机体功能或器官暂时性或是永久性的病理变化的物质都叫作有毒物质。有毒物质分为自然有毒物质（某些野生蘑菇、浆果等）和人工合成有毒物质（二噁英、三聚氰胺等）。

最高人民法院、最高人民检察院《关于办理环境污染刑事案件适用法律若干问题的解释》第十条规定，下列物质应当认定为“有毒物质”：

（一）危险废物，包括列入国家危险废物名录的废物，以及根据国家规定的危险废物鉴别标准和鉴别方法认定的具有危险特性的废物；

（二）剧毒化学品、列入重点环境管理危险化学品名录的化学品，以及含有上述化学品的物质；

（三）含有铅、汞、镉、铬等重金属的物质；

（四）《关于持久性有机污染物的斯德哥尔摩公约》附件所列物质；

（五）其他具有毒性，可能污染环境的物质。

因此，应当根据上述规定确认一种物质是否属于涉及环境犯罪的有毒物质。

三、监测、检测、检验、鉴定、鉴别

【案例63】

区公安局根据群众报案，查获了一家无牌无证废矿物油加工厂。该加工厂不具备相关资质，擅自收集、储存和处置危险废物，涉嫌污染环境罪。

在确定污染物的性质时，公安机关和环保部门产生了分歧。

公安机关认为，环保部门应当进行环境监测，出具监测报告，以确定污染物的性质。如果环保部门不进行环境监测，起码应当对污染物的性质进行鉴别，以便为公安机关办理案件提供证据。

环保部门认为，环境监测的目的是为环境行政执法提供依据，环保部门不能接受其他机关的委托，出具监测报告，公安机关应当到有资质的机构进行司法鉴定或检验。

河北马倍战律师事务所为公安机关提供了咨询。

【解答与分析】

(187) 环境监测与环境检测有何区别和联系？

（一）环境监测

环境监测是间断或连续地测定环境中污染物的浓度，观察、分析其变化和对环境影响的过程。其目的是准确、及时、全面地反映环境质量现状及发展趋势，为环境管理、污染源控制、环境规划等提供科学依据。

环境监测的过程一般分为接受任务、现场调查和收集资料、监测计划设计、优化布点、样品采集、样品运输和保存、样品预处理、分析测试、数据处理、综合评价等环节。

（二）环境检测

环境检测则是对某种环境、污染源、污染物进行的检验和测试。其目的是满足当事人的委托需求，或者为了满足某种商业目的。

环境检测在很多时候表现为对污染物、污染源的性质、数量、浓度、性质的鉴定和检验，如对生活废水中污染物浓度和种类、室内综合环境、废气中二氧化硫浓度的测量等。

（三）二者的区别和联系

环境监测是一种行政行为，是一个连续的、动态的过程，是行政机关或其下级监测机构的法定职责。而环境检测一般是一种商业行为，是一种单一的过程，一般由商业机构来进行。

环境监测过程中常常包含环境检测，比如对某种污染物、污染源性质和成分的检验等。

（188）环境监测和司法鉴定、鉴别有何区别？

（一）环境监测属于行政行为，司法鉴定是为司法活动提供证据的行为。

（二）环境监测的目的是为行政机关作出决策提供依据，而司法鉴定的目的是为司法活动提供证据。

（三）环境监测是一种主动性的行为，开展环境监测无需他人委托；司法鉴定是一种被动性的行为，非经他人委托司法鉴定机构就不能主动开展鉴定。

（四）环境监测是取样、送样、测试、分析、处理、评价的完整过程，而司法鉴定是由委托人提供鉴定样品、鉴定机构只进行鉴定的单一过程。

（五）环境监测的结论性意见称作监测报告，司法鉴定的结论性意见称作鉴定意见。

（六）当事人只能对环境监测报告提出异议，而对司法鉴定意见则可要求重新鉴定。

（七）监测数据经过特定的认可程序后才可作为刑事案件的证据，司法鉴定结论可以直接作为刑事案件的证据。

鉴别在环境工作中是指，根据有关标准和导则，辨别、确定一种物质是否属于某类物质。

（189）检验报告书与鉴定意见书有何区别？

检验，通过检测而验证的意思。鉴定，通过鉴别而审定的意思。两者虽然字义有细微差别，但在实际应用中区别不大。

而报告书和意见书的区别较大。报告书是检验数据的集合，不带人为的分析意见或结论，客观性较强；而意见书是则是鉴定人根据检验数据得出的评断意见，具有很强的主观性。

四、非法、主管人员、环境行政权

【案例 64】

县人民检察院指控，2013 年 5 月，被告人顾某将 100 多 t 乙烯基高沸废液运至本县一山坳场地，准备焚烧加工用来提炼铝铂酸废渣，后被群众发现并举报。该化工废料经环保部门检测为强酸性危险废液，且已泄漏 20 多 t，受害树木达 1 929 株，蓄积 27.4 m^3，受害幼树 2 092 株，处理该批危险废物费用达 80 余万元。

县人民法院经审理认为，被告人顾某违反国家规定非法处置有毒、有害物质，导致有毒、有害化学物质泄漏，对环境、林木、土地均造成污染，致使公私财产遭受重大损失，其行为已构成污染环境罪，公诉机关指控的罪名成立。被告人顾某及辩护人对环保部门出示的实际花费 84 万余元费用的合理性和必要性有异议。因县物价局价格认证中心对该起事故应急处置费用进行了认证，故该辩护意见本院不予采纳。鉴于被告人赔偿了损失 65 万元，且当庭自愿认罪，依法可酌情从轻处罚。根据《刑法》第三百三十八条、第五十二条、第六十七条第三款《最高人民法院关于审理环境污染刑事案件具体应用法律若干问题的解释》第一条第（一）项之规定，判决被告人顾某犯污染环境罪，判处有期徒刑 2 年，并处罚金人民币 2 万元。

【解答与分析】

（190）如何理解法律条文中违法行为之前的“非法”？

“两高”《关于办理环境污染刑事案件适用法律若干问题的解释》第一条中的第（二）项、第（三）项之前有“非法”二字，而其他项之前则无“非法”二字。因此，把握“非法”的含义非常重要。

对于违法行为之前是否有非法二字，可以这样理解：

（一）非法，是指不合规范，不合法，不按照法律规定。仅指不符合环境保护的法律规范，不含非环境保护的法律规范。

（二）如果法律规定中的违法行为之前没有“非法”二字，说明当事人无论如何做都是“非法”的，也即不存在“合法”的情形。

（三）如果法律规定中的违法行为之前有“非法”二字，说明该种行为可能存在合法的情形。是否合法，则要看当事人是否遵守了环境保护的法律规定。如果遵守了，则是“合法”，否则，属于“非法”。

（191）如何确定环境行政拘留案件中的主管人员？

《行政主管部门移送适用行政拘留环境违法案件暂行办法》第九条规定，《环境保护法》第六十三条规定的直接负责的主管人员是指违法行为主要获利者和在生产、经营中有决定权的管理、指挥、组织人员；其他直接责任人员是指直接排放、倾倒、处置污染物或者篡改、伪造监测数据的工作人员等。

根据上述规定，直接负责的主管人员包括：①违法行为主要获利者；②在生产、经营中有决定权的管理、指挥、组织人员。其他直接责任人员包括：①直接排放、倾倒、处置污染物的工作人员；②篡改、伪造监测数据的工作人员。

公安机关在确定环境刑事案件中的犯罪嫌疑人时，可以参照上述规定中确定责任人的原则。

（192）公安机关是否可以直接办理环境行政拘留案件？

在《环境保护法》第六十三条规定四种适用环境行政拘留的情形中，除了第（三）种情形外，其他三种情形必须由环保部门事先向责任人下达责令改正违法行为决定书，否则案件不能移送公安机关。即便针对第（三）种情形，环保部门也应当对“通过暗管、渗井、渗坑、灌注或者篡改、伪造监测数据，或者不正常运行防治污染设施等逃避监管的方式违法排放污染物”的行为进行法律认定，公安机关才能接收案件。

公安机关是否可以直接办理环境行政拘留案件，涉及行政权的问题。行政权是由国家宪法、法律赋予或认可的，国家行政机关依照法律规范对公共事务实施行政管理活动的权力，是国家政权和社会治理权的组成部分。行政权由法律设定或认可，其行使须符合法律的规定。法律没有规定公安机关可以处理环境行政事务，因此公安机关没有到排污单位进行现场检查的权力，也没有直接办理环境行政拘留案件的权力。

第五章　日常环境执法

第一节　环保现场检查

一、现场检查的主体

【案例 65】

环境保护部与公安部日前联合发布了《关于加强环境保护与公安部门执法衔接配合工作的意见》(以下简称《意见》)，首次建立环保和公安联合执法的衔接机制。

2013 年 6 月，“两高”曾就环境污染犯罪作出刑法的司法解释，降低了环境污染犯罪的入刑门槛，“解释”出台至今，环保部门向公安机关移送的涉嫌环境污染犯罪案件将近 300 起，超过近 5 年移送案件的总和。

根据《意见》，未来环保和公安部门的分工是，环保部门发现、查处、移送涉嫌犯罪的行为，公安机关则对违反治安管理规定的行为立案查处，对涉嫌环境犯罪的案件立案侦查。两部门将“排除环境执法阻挠因素，保障执法顺利进行”。

现场调查和证据收集是办理涉嫌环境污染犯罪案件的关键一环。对此，《意见》规定，环保部门在执法过程中第一时间发现违法行为后要及时收集、提取、监测、固定污染物种类、浓度、数量等证据，公安部门办理案件时可借助环境保护部门的专业知识和技术支持，提高办案质量。

在此之前，山东、河北、浙江、江苏及云南等地已建立了环保与公安联动执法的机制，《意见》是在借鉴地方经验基础上发布。《意见》共提出七项衔接配合的机制和制度，分别是联席会议制度、联络员制度、案件移送机制、重大案件会商和督办制度、紧急案件联合调查机制、案件信息共享机制以及奖惩机制。（根据《财新网》报道整理）

【解答与分析】

（193）上级环保部门有权对本辖区单位现场检查吗？

现场检查制度是环境保护行政主管部门或其他依法行使环境监督管理权的部门对管辖范围内的排污单位进行现场检查的法律规定。其目的在于检查和督促排污单位执行环境保护法律的要求，及时发现环境违法行为，以便采取相应的措施。

《环境保护法》第二十四条规定："县级以上人民政府环境保护主管部门及其委托的环境监察机构和其他负有环境保护监督管理职责的部门，有权对排放污染物的企业事业单位和其他生产经营者进行现场检查。"据此规定，上级环保部门也有权对排污单位进行现场检查。

（194）乡镇环保所的人员有权到排污单位现场检查吗？

根据《环境保护法》第二十四条规定，现场检查的主体是"县级以上人民政府环境保护主管部门及其委托的环境监察机构和其他负有环境保护监督管理职责的部门"。其中：

（一）县级以上人民政府环境保护主管部门，主要包括环保部、省级人民政府环保厅（局）、设区的市级人民政府环保局、县级人民政府环保局等。

（二）环境保护主管部门委托的环境监察机构，主要包括环境（执法）监察局、环境监察总队、环境监察支队、环境监察大队、环境监察中队。

（三）其他负有环境保护监督管理职责的部门，主要是指依照其他法律法规履行环境保护监督管理职责的各级公安、交通、铁道、渔业、林业、国土等部门。

根据上述规定，乡镇环保所的人员无权到排污单位开展现场检查。

（195）公安机关有权到排污单位开展现场检查吗？

根据现行法律规定，公安机关仅仅对生活噪声污染具有环境保护监督管理职责，对于大气污染、水污染及其他常见污染不具有监督管理职责。因此，公安机关有权到属于自身管理范围的排污单位进行检查，而无权到一般的生产经营单位开展现场检查。

但是，公安机关为了处理环境行政拘留案件和环境刑事案件，是可以到任何单位包括排污单位取证和开展侦查活动的。

二、现场检查的内容

【案例66】

市环保局近日从全局抽调36名监察监测业务骨干，兵分7路，在事先不告知检查对象的情况下，对全市污染企业开展夜间突击执法检查，重点对企业环境管理制度落实和环境治理设施运行情况等内容进行检查。

现场检查发现，一家企业酸雾吸收塔的吸收液罐安装在二楼，执法人员立即找来梯子摸爬了上去，经pH试纸初步检测，吸收液呈酸性，执法人员随即现场采废气吸收液样本一份，并拍照取证。除此以外，执法人员还发现这家企业现场的软管比较多，地坪上铺满了水，执法人员要求企业立即对废水工段进行排查，所生产废水全部接入污水厂处置；梳理厂区管道，拆除无用的软管，使用的管路必须固定并贴上指示标签，做到雨污分流，清污分流。

【解答与分析】

（196）环保现场检查需要检查哪些内容?

根据《环境监察办法》规定，环境监察机构现场检查的内容主要包括：

（一）现场监督检查污染源的污染物排放情况、污染防治设施运行情况、环境保护行政许可执行情况、建设项目环境保护法律法规的执行情况等；

（二）现场监督检查自然保护区、畜禽养殖污染防治等生态和农村环境保护法律法规执行情况；

（三）查处环境违法行为；

（四）查办、转办、督办对环境污染和生态破坏的投诉、举报，并按照环境保护主管部门确定的职责分工，具体负责环境污染和生态破坏纠纷的调解处理；

（五）参与突发环境事件的应急处置；

（六）对严重污染环境和破坏生态问题进行督查；

（七）依照职责，具体负责环境稽查工作；

（八）监督环境保护法律、法规、规章和其他规范性文件的执行；

（九）具体负责排放污染物申报登记、排污费核定和征收；

（十）法律、法规、规章和规范性文件规定的其他职责。

（197）环保现场检查可以使用哪些方法?

环保现场检查可以使用下列方法中的一种，也可以根据工作需要同时使用其中的数种：

（一）勘察；

（二）采样；

（三）监测；

（四）拍照；

（五）录音；

（六）录像；

（七）制作笔录；

（八）查阅、复制相关资料；

（九）约见、询问有关人员；

（十）要求说明相关事项，提供相关材料。

（198）环保部门现场检查应当注意哪些问题？

（一）注意检查的范围和频度。要按照本单位规定的检查范围和频度进行检查。

（二）要做好现场检查记录。这是在被追责后，证明自己是否尽责的重要证据。

（三）对超出管辖范围的排污者，不能进行检查。

（四）与污染物排放无关的单位和个人，也不得进行检查。

（五）检查部门有义务为被检查单位保守商业秘密。

三、现场检查的进行

【案例 67】

2015 年 4 月 29 日，县环境监察执法大队会同镇环保办工作人员在某村七组开展例行检查时发现，由本县无业人员唐某开办的行李架加工作坊，通过地埋式 PVC 管道偷排生产废水，其私设暗管逃避环保部门监管的行为已构成环境违法。

经环保部门立案调查，这家作坊实际建有电镀车间和表面处理车间各一座，所含有毒有害物质的生产废水通过地埋式 PVC 管偷排进入厂区后面农灌渠，其行为已对当地水环境造成严重威胁。

针对这一情况，环境执法人员当即按照规程对排入暗管的废水进行采样封存，依法予以证据锁定，并责令其立即停止违法行为。同时，根据现场调查结果对这家作坊采取措施清理查封，要求唐某于 5 月 18 日前自行拆除其埋设的 PVC 管，并拟视其情节轻重依法处以相应罚款。在铁证面前，作坊负责人唐某对自己的上述违法事实供认不讳，后悔不已。

通过现场勘验和对行为人的询问调查，环保部门指控唐某涉嫌环境违法行为的证据包括：环境行政执法现场检查（勘验）笔录、环境行政执法询问笔录、环境行政执法调查笔录，以及监测机构出具的检测报告、现场影像等文字和视频资料。

【解答与分析】

（199）**不持有执法证件可以到排污单位现场检查吗?**

根据《环境监察办法》的规定，环境监察是指环境保护主管部门依据环境保护法律、法规、规章和其他规范性文件实施的行政执法活动；实施现场检查时，从事现场执法工作的环境监察人员不得少于两人，并出示《中国环境监察执法证》等行政执法证件，表明身份，说明执法事项。因此，没有持有执法证件的监察机构工作人员是不能到排污单位开展现场检查的。

（200）**现场检查时需要当事人在场并同意吗?**

现场检查制度具有以下几个特点：①执法主体只能由负有环境保护监督管理职责的行政部门或者经环境保护主管部门委托的环境监察机构执行；②具有强制性，不需要被检查单位的同意；③执法主体只能对管辖范围内的排污企业事业单位和其他生产经营者进行检查，不能检查管辖范围外的，也不能检查与污染物排放无关的单位和个人；④现场检查有一定的随机性，有关执法主体可以随时进行检查；⑤现场检查的范围和内容应当于法有据，不能任意检查。

因此，环保部门在进行现场检查时，无需当事人在场，也无需当事人同意。

（201）每次现场检查都必须做好现场检查笔录吗？

现场检查分为例行检查和重点检查的方式。

对于例行检查，首次检查应当填写排污单位的厂名、地址、建厂日期、法人代表、联系方式、经营范围等基本情况，介绍单位的生产情况以及生产产品的产量、员工人数、工艺流程、涉及到的原辅材料等一系列企业基本情况。如果在现场检查中发现情况，比如设备运行不正常、环保资料不齐全，要提出整改建议；如果发现被查单位存在环境违法问题，要做好现场检查笔录，报送环保部门领导处理。对于例行检查的非首次检查，可以省略被查单位的基本情况；如果没有发现特殊情况，填写制式的现场检查表格即可，就不再做现场检查笔录。

对于重点检查，不但要对被查单位的基本情况详细记录，还要做好详细的现场检查笔录。

四、现场问题的处理

【案例68】

2015年8月21日，省环境监察局接到群众来信反映，某工业园区一家化工企业肆意排污，污染附近河流水体及周边生态环境。2015年8月22日，省环境监察局派出专项调查组，连夜赶赴事发地，对群众来信反映环境信访问题进行现场调查核实。

2015年8月22日晚，调查组决定突击检查，但该化工企业大门紧闭。2015年8月23日早，调查组再次检查时，该化工企业负责人拒绝在现场检查笔录上签字，还声称其企业的生产工序已申请知识产权，是不折不扣的商业秘密，调查组无权查阅相关设备及材料。

为此，环境监察局咨询了河北马倍战律师事务所。

【解答与分析】

（202）当事人拒绝在现场检查笔录上签字如何处理？

环境保护现场检查具有强制性，现场检查无需当事人同意，当事人的签字也不是必须的。现场检查笔录上有当事人签字，可以保证笔录的真实性。笔录上无当事人签字，现场检查人员应当记录在案。

《环境行政处罚办法》第四十三条规定，环境保护主管部门调查取证时，当事人应当到场。下列情形不影响调查取证的进行：（一）当事人拒不到场的；（二）无法找到当事人的；（三）当事人拒绝签名、盖章或者以其他方式确认的；（四）暗查或者其他方式调查的；（五）当事人未到场的其他情形。

在处理与当事人的关系问题上，在开展环境保护现场检查时可以采纳上述原则。

（203）现场检查时排污单位大门紧闭如何处理？

现场检查制度是环境保护行政主管部门或其他依法行使环境监督管理权的部门对管辖范围内的排污单位进行现场检查的法律规定。其目的在于检查和督促排污单位执行环境保护法律的要求，及时发现环境违法行为，以便采取相应的措施。根据《环境保护法》和《水污染防治法》《大气污染防治法》等法律法规的规定，县级以上人民政府环境保护主管部门或其他依法行使环境监督管理权的部门，有权对管辖范围的排污单位进行现场检查，但同时有义务为被检查单位保守技术秘密和业务秘密。被检查单位必须如实反映情况和提供必要的资料，如果拒绝接受检查或者弄虚作假，则必须承担相应的法律责任。如果存在生产经营行为，但是大门紧闭，不让检查人员进入，应当属于拒绝现场检查的情形，环保部门应当依据相关规定给予处罚。环保部门应当注意做好现场检查遭到拒绝的取证工作。

（204）现场检查时触及被查单位商业秘密应当如何处理？

所谓商业秘密，是指不为公众所知悉、能为权利人带来经济利益，具有实用性并经权利人采取保密措施的技术信息和经营信息。商业秘密包括技术信息和经营信息两部分。如管理方法、产销策略、客户名单、货源情报等经营信息；生产配方、工艺流程、技术诀窍、设计图纸等。

环保部门现场检查一般不会触及被查单位的商业秘密；即使触及被查单位的商业秘密，只要现场检查人员为其“保守商业秘密”即可，商业秘密不应成为阻碍行政机关进行现场检查的障碍。

第二节　行政强制措施

一、强制措施的性质种类

【案例 69】

8 月 25 日上午，区环保局执法人员对一轴承钢管厂实施查封，企业有关负责人因涉嫌环境犯罪，被采取刑事强制措施，移交公安部门进一步处理。

8 月 20 日，区环保局根据投诉举报线索，派环境执法人员对该厂进行现场检查。执法人员发现厂区东侧排水渠存在污水渗排。现场采集水样后，经检测确定为酸性生产废水，水样中总镍、总铬超标三倍以上，已涉嫌环境犯罪。

目前该厂已停工，区环保局的执法人员于昨日上午对厂内主要生产设施、生产车间进行了查封。

【解答与分析】

（205）什么是行政强制措施？

行政强制措施，是指行政机关在行政管理过程中，为制止违法行为、防止证据损毁、避免危害发生、控制危险扩大等情形，依法对公民的人身自由实施暂时性限制，或者对公民、法人或者其他组织的财物实施暂时性控制的行为。

行政强制措施和行政处罚的区别主要表现在如下几个方面：

（一）行政处罚是对行政相对人权利的最终处分，如没收财产之所以是行政处罚，因为它是对相对人财产所有权的最终剥夺即处分；而行政强制措施是对相对人权利的一种临时限制，如查封财物之所以是行政强制措施，因为它不是对该财物所有权的最终处分，而仅是在短期内对该财物使用权和处分权的临时限制。

（二）行政处罚是一种行政制裁行为，因而必然以行政相对人的行为违法为前提；行政强制措施不是一种行政制裁行为，因而与行政相对人的行为是否违法没有必然联系。它可以针对相对人的违法行为，也可针对相对人的合法行为。

（三）行政强制措施是一种中间行为，它是为保证最终行政行为的作出所采取的一种临时性措施；行政处罚则是一种最终行政行为，它的作出表明该行政违法案件已被处理完毕。

（206）行政强制措施的种类有哪些？

根据《行政强制法》第九条之规定，行政强制措施的种类有以下五条：

（一）限制公民人身自由；

（二）查封场所、设施或者财物；

（三）扣押财物；

（四）冻结存款、汇款；

（五）其他行政强制措施。

（207）环保部门可以采取哪些行政强制措施？

《环境保护法》第二十五条规定：“企业事业单位和其他生产经营者违反法律法规规定排放污染物，造成或者可能造成严重污染的，县级以上人民政府环境保护主管部门和其他负有环境保护监督管理职责的部门，可以查封、扣押造成污染物排放的设施、设备。”

新《环境保护法》首次明确授予了环保部门查封、扣押强制措施，这为环境执法提供了有力的法律支持。

（一）查封

司法机关或行政机关对执法涉及的、不易移动的设备、设施或其他物品、资金账户贴上封条或冻结，使之不能正常使用、流动、转移的行为。

（二）扣押

将人或者可以移动的物品扣留、压下。扣压：仅指对物的扣留和压下。

二、强制措施的适用情形

【案例 70】

2015 年 3 月 30 日，市环保局对某印染有限公司进行夜查时发现，该公司的印染南车间设置有临时排污管道，并正在用水泵将溢出的生产废水通过这条临时管道排入雨水沟渠，使得生产废水最终进入旁边的河流。后经环保部门查实，这家企业私设暗管排放污水到外环境，所排污水中 PH 值、化学需氧量、色度、悬浮物等四项指标都超过了国家规定的排放标准。

根据《环境保护法》第二十五条及环境保护部令第 29 号《环境保护主管部门实施查封、扣押办法》第四条第（四）项的相关规定，市环保局于 4 月 1 日对该公司染色车间的印染内设施依法实施为期一个月的查封，并责令其在查封期间采取整改措施，未经解封前禁止擅自复产。同时，市环保局根据《行政主管部门移送适用行政拘留环境违法案件暂行办法》的规定，向市公安局移送该案件。

【解答与分析】

（208）可以实施查封、扣押的情形有哪些？

根据《环境保护主管部门实施查封、扣押办法》的规定，可以实施查封、扣押的情形包括：

（一）违法排放、倾倒或者处置含传染病病原体的废物、危险废物、含重金属污染物或者持久性有机污染物等有毒物质或者其他有害物质的；

（二）在饮用水水源一级保护区、自然保护区核心区违反法律法规规定排放、倾倒、处置污染物的；

（三）违反法律法规规定排放、倾倒化工、制药、石化、印染、电镀、造纸、制革等工业污泥的；

（四）法律、法规规定的其他造成或者可能造成严重污染的违法排污行为。

环保部门遇到上述情形，根据情况决定是否实施查封、扣押。

（209）应当实施查封、扣押的情形有哪些？

根据《环境保护主管部门实施查封、扣押办法》的规定，应当实施查封、扣押的情形包括：

（一）已造成严重污染的；

（二）通过暗管、渗井、渗坑、灌注或者篡改、伪造监测数据，或者不正常运行防止污染设施等逃避监管的方式违反法律法规规定排放污染物的；

（三）较大、重大和特别重大突发环境事件发生后，未按照要求执行停产、停排措施，继续违反法律法规规定排放污染物的。

环保部门遇到上述情形，必须实施查封、扣押。

（210）可以对污水处理厂的设施、设备实施查封、扣押吗？

《环境保护主管部门实施查封、扣押办法》第六条规定，具备下列情形之一的排污者，造成或者可能造成严重污染的，环境保护主管部门可以不予实施查封、扣押：

（一）城镇污水处理、垃圾处理、危险废物处置等公共设施的运营单位；

（二）生产经营业务涉及基本民生、公共利益的；

（三）实施查封、扣押可能影响安全生产的。

根据该条的规定，造成或者可能造成严重污染的，环保部门对污水处理厂的设施、设备可以不予查封、扣押；但在一些情况下，也可以实施查封、扣押。

根据本条的规定，如果不予实施查封、扣押，环保部门应当按照有关环境保护法律法规予以处罚。

三、强制措施的实施程序

【案例 71】

2015 年 8 月 4 日，市环保局现场检查发现，位于某村的电镀加工作坊未经环保审批擅自建设，而且当日现场检查时作坊正在进行五金件滚镀锌生产，未建设配套的污水处理设施，生产过程中产生的废水未经任何处理直接排放在车间地面，地面废水经车间南侧围墙小洞，通过塑料管道排入房屋南侧化粪池后进入菜地水沟，最终排入北侧河道。

市环保局当场向作坊经营者发出环保查封、扣押令，并现场查封电镀设备 2 套，扣押运输车辆 1 辆和镀锌金属件若干。

【解答与分析】

（211）查封、扣押应当依照什么程序？

（一）取证

证据内容包括：①现场检查笔录；②调查询问笔录；③环境监测报告；④视听资料；⑤证人证言；⑥其他证明材料。

（二）审批

一般案件由负责人审批；案情重大或者社会影响较大的案件，经环境保护主管部门案件审查委员会集体审议决定。

（三）决定

决定的法律文书形式：查封、扣押决定书。

（四）执行

由两名以上具有行政执法资格的环境行政执法人员实施。

（五）送达

一般情况下当场交付；拒不到场或者拒绝签名、盖章的，环境行政执法人员应当予以注明。

（六）解除

分为排污者依申请解除和环保部门主动解除。

（212）如何执行查封、扣押决定？

（一）由两名以上具有行政执法资格的环境行政执法人员实施，并出示执法身份证件；

（二）通知排污者的负责人或者受委托人到场，当场告知实施查封、扣押的依据以及依法享有的权利、救济途径，并听取其陈述和申辩；

（三）制作现场笔录，必要时可以进行现场拍摄。现场笔录的内容应当包括查封、扣押实施的起止时间和地点等；

（四）当场清点并制作查封、扣押设施、设备清单，由排污者和环境保护主管部门分别收执。委托第三人保管的，应同时交第三人收执。执法人员可以对上述过程进行现场拍摄；

（五）现场笔录和查封、扣押设施、设备清单由排污者和执法人员签名或者盖章；

（六）张贴封条或者采取其他方式，明示环境保护主管部门已实施查封、扣押。

（213）如何保管查封、扣押的设施、设备？

（一）对就地查封的设施、设备

排污者应当妥善保管，不得擅自损毁封条、变更查封状态或者启用已查封的设施、设备。

（二）对扣押的设施、设备

环境保护主管部门应当妥善保管，也可以委托第三人保管。扣押期间设施、设备的保管费用由环境保护主管部门承担。

四、强制措施的后期工作

【案例 72】

县环境监察执法大队在开展例行检查时发现，一辆没有牌照的罐车在本县的一条乡村公路上边走边洒落废水，执法人员感觉是该车司机在故意通过这种方式处置危险废物，当即上前进行了制止。车辆司机见到身穿环保制服的人员挡住了去路，就想弃车逃跑。环保执法人员当即将司机押进环保执法车内，并将罐车开到环保局指定的保存地点。

经检测，罐车的废水有强酸和多种重金属，属于有毒物质。经初步估测，罐车内的废水有 5 t 之多。环保局认为本案已经涉嫌环境犯罪，遂依照规定移送公安机关。公安机关收下了案件材料，并对司机实施了刑事拘留，但不接收载有危废的车辆，还要求环保局设法把罐车里的危废处理掉。

【解答与分析】

（214）对排污者擅自启用被查封设备如何处理?

《环境保护主管部门实施查封、扣押办法》第二十三条第二款规定："排污者阻碍执法、擅自损毁封条、变更查封状态或者隐藏、转移、变卖、启用已查封的设施、设备的，环境保护主管部门应当依据《治安管理处罚法》等法律法规及时提请公安机关依法处理。"

《治安管理处罚法》第六十条规定，有"隐藏、转移、变卖或者损毁行政执法机关依法扣押、查封、冻结的财物"等行为之一的，处 5 日以上 10 日以下拘留，并处 200 元以上 500 元以下罚款。

排污者擅自损毁封条、变更查封状态或者隐藏、转移、变卖、启用已查封的设施、设备的，环境保护主管部门应当依据上述规定处理。

（215）如何处置被扣押的危废运输车辆?

对扣押的车辆，环境保护主管部门应当妥善保管，也可以委托第三人保管。扣押期间的保管费用由环境保护主管部门承担。

如果当事人涉嫌犯罪，被扣的车辆应当作为犯罪工具或证物交公安机关保管和处理。

（216）如何处置被扣押车辆上的危废?

在被扣的车辆上装载危废的情况下，如果该案件属于一般行政案件，环保部门应当责成当事人自行处理，并给予当事人相应的行政处罚；如果涉嫌刑事犯罪，环保部门应当将车辆连同车上装载的危废作为证物移送公安机关，由公安机关保存和处理。

第三节　公众意见处理

一、公众意见的种类

【案例 73】

负责省环保厅群众来信来访的环境监察执法局信访科一天之内收到了以下来信：

第一封信：反映省环保厅内部工作人员贪污腐败。

第二封信：举报本村附近的一家企业排放恶臭影响其生活。

第三封信：要求环保厅聘请其为社会监督员。

第四封信：邀请环保厅厅长到自己的村里住几天呼吸有毒空气。

第五封信：要求环保厅查一家污染企业。

第六封信：请环保厅不要为他家附近的冶炼厂办理环评。

第七封信：向环保厅咨询排污许可证办理问题。

此外还接到一群众拨打的环保热线，该人举报一塑料颗粒厂存在非法排污行为，严重影响周围居民生活环境。当工作人员询问其姓名时，该人支支吾吾，未向环保局工作人员表明其真实姓名及联系电话。

【解答与分析】

(217) 公众意见分为哪些种类？

公众意见大体分为以下种类：

（一）投诉。当权益被侵害时，向有关部门或组织反映情况。

（二）举报。针对违法、违纪行为向有关部门揭发、反映问题，是对检举、控告的发展。

（三）建议。对某一问题提出建议或意见。

（四）咨询。要求对提出的具体问题给予答复。

（五）要求。要求行政机关为或者不为一定的行为。

（六）申请。请求对提出的事项予以办理。

（218）公众向环保部门提出意见的方式有哪些？

公众向环保部门提出意见的方式趋向多样化，一般包括：

（一）书信。

（二）电子邮件。

（三）传真。

（四）电话。

（五）在线表格。

（六）微博等自媒体。

（七）走访。

（219）公众意见与环境信访有何区别？

根据《环境信访办法》对环境信访的定义，环境信访是指公民、法人或者其他组织采用书信、电子邮件、传真、电话、走访等形式，向各级环境保护行政主管部门反映环境保护情况，提出建议、意见或者投诉请求，依法由环境保护行政主管部门处理的活动。

而公众意见除了环境信访活动中公众反映的内容外，还包括公众对环保部门环境行政审批中提出的意见，以及公众的咨询和要求履职等可能产生法律后果的意见。

环境信访是公众向环保部门提出意见的主要方式，公众意见是环境信访的主要内容。

二、环境信访工作

【案例 74】

今年以来，全县受理各类环境信访举报案件 60 余起，查处率 100%，办结率 100%。环境整治攻坚行动开展以来，共责令停产企业 57 家，拆除窑炉 101 个，取缔“十五小”企业 3 家，向公安部门移送案件 2 起，有效震慑了环境违法犯罪行为。

为不断拓宽环境信访举报渠道，充分调动群众参与的积极性，全县进一步规范环境信访接待、登记、领导批阅、办理、办结、反馈各环节要求，确保“12369”举报热线 24 小时畅通。

全县还按照“属地管理、分级负责、无缝对接、全面覆盖、责任到人”的原则，在全县 6 个镇、6 个乡、1 个工业区和 450 个行政村建立网格化环境监管体系，进一步明确各级网格监管职能，推动环境监管关口前移、触角向下延伸，实现环境监管全覆盖。同时，完善“一厂一档”环境管理制度。要求所有园区和企业填报《工业园区基本信息表》《排污申报统计表》，充分掌握污染防治设施运行情况、污染物达标排放情况、固体和危险废物处置及存在的环境风险隐患情况等。

【解答与分析】

(220) 环保部门应当开通的信访渠道有哪些?

根据《环境信访办法》的规定，环保部门应当开通以下信访渠道：

(一)各级环境保护行政主管部门应当向社会公布环境信访工作机构的通信地址、邮政编码、电子信箱、投诉电话，信访接待时间、地点、查询方式等。

(二) 地方各级环境保护行政主管部门应当建立负责人信访接待日制度，由部门负责人协调处理信访事项，信访人可以在公布的接待日和接待地点，当面反映环境保护情况，提出意见、建议或者投诉。

(三)地方各级环境保护行政主管部门应当建立本行政区域的环境信访信息系统，与环境举报热线、环境统计和本级人民政府信访信息系统互相联通，实现信息共享。

（221）环境信访工作机构应当履行哪些职责？

根据《环境信访办法》的规定，环境信访工作机构应当履行的职责有：

（一）受理信访人提出的环境信访事项；

（二）向本级环境保护行政主管部门有关内设机构或单位、下级环境保护行政主管部门转送、交办环境信访事项；

（三）承办上级环境保护行政主管部门和本级人民政府交办处理的环境信访事项；

（四）协调、处理环境信访事项；

（五）督促检查环境信访事项的处理和落实情况，督促承办机构上报处理结果；

（六）研究、分析环境信访情况，开展调查研究，及时向环境保护行政主管部门提出改进工作的建议；

（七）总结交流环境信访工作经验，检查、指导下级环境保护行政主管部门的环境信访工作，组织环境信访工作人员培训；

（八）向本级和上一级环境保护行政主管部门提交年度工作报告，报告应当包括环境信访承办、转办、督办工作情况和受理环境信访事项的数据统计及分析等内容。

（222）环保部门如何处理群众环境信访事项？

根据《环境信访办法》的规定，环境信访工作机构收到信访事项，应当予以登记，并区分情况，分别按下列方式处理：

（一）信访人提出属于本办法第十六条规定的环境信访事项的，应予以受理，并及时转送、交办本部门有关内设机构、单位或下一级环境保护行政主管部门处理，要求其在指定办理期限内反馈结果，提交办结报告，并回复信访人。对情况重大、紧急的，应当及时提出建议，报请本级环境保护行政主管部门负责人决定。

（二）对不属于环境保护行政主管部门处理的信访事项不予受理，但应当告知信访人依法向有关机关关提出。

（三）对依法应当通过诉讼、仲裁、行政复议等法定途径解决的，应当告知信访人依照有关法律、行政法规规定程序向有关机关和单位提出。

（四）对信访人提出的环境信访事项已经受理并正在办理中的，信访人在规定的办理期限内再次提出同一环境信访事项的，不予受理。

对信访人提出的环境信访事项，环境信访机构能够当场决定受理的，应当场答复；不能当场答复是否受理的，应当自收到环境信访事项之日起 15 日内书面告知信访人。但是信访人的姓名（名称）、住址或联系方式不清而联系不上的除外。

各级环境保护行政主管部门工作人员收到的环境信访事项，交由环境信访工作机构按规定处理。

三、公众意见处理方法

【案例 75】

县综合污水处理厂因接纳的污水太多，超过了处理能力，因此所排污水总是浓度超标，而且经常淹没排水河道下游的农田。

一天夜里，张某的 50 亩土豆被污水处理厂排放的污水淹没。张某当时就拨通了 12369 电话，反映了自己的情况，但环保局次日上午 10 点钟才来查看。

张某要求污水处理厂赔偿经济损失，被污水处理厂断然拒绝。

张某找县环保局调解，但污水处理厂答应只给 500 元的“慰问费”，调解只能终止。

张某认为县环保局对县污水处理厂具有环境保护监管职责，污水处理厂经常排放污水淹没农田是环保局监管失职造成的，遂对县环保局提起了诉讼，要求县环保局履行对污水处理厂的监管职责，并赔偿自己的经济损失。

【解答与分析】

（223）环保部门对于索赔环境信访矛盾如何调处？

调处索赔环境信访，应按照《环境信访办法》规定的要求和程序，做好以下几方面工作：

一是检查被信访人是否存在环境污染行为。环保部门接到索赔环境信访后，应在最短时间内开展环境监察与监测，调查被信访人是否存在环境违法行为。对发现存在环境违法行为的，应立即制止违法排污、停止侵害，避免群众的环境利益继续受损，并对违法行为给予立案处罚。

二是检查信访人的举报损害情况是否属实。对信访人反映的污染损害情况，要及时调查取证，确定其是否存在污染损害。对存在污染损害的，要形成文字、照片等材料，以备后查。

三是邀请相关部门参与鉴定。如涉及农作物污染损害的，邀请农林部门对农作物损害原因作初步鉴定，对农作物损害程度、数量作初步鉴定与评估。

四是调解要建立在双方当事人平等、自愿同意的基础之上。环保部门在对信访案件的调解过程中，要平等对待双方当事人，即投诉方与被投诉方的地位平等，不得歧视任何一方。调解过程中，如一方不同意调解，环保部门应终止调解，不得强行调解。

五是正确区分举证责任。受害方的举证责任包括人身、财产遭受侵害的原因，人身、财产遭受侵害的程度，财产受损的具体金额等。排污方或侵害方如否认侵害行为的，承担侵害行为与结果之间不存在因果关系的举证责任。环保部门在处理信访中，在做好自身调查取证的同时，应充分征求共同参与的相关部门意见。

六是及时制作调解协议，作出调处决定书。双方当事人同意调解的，环保部门应及时调解，并制作调解协议书；如不同意调解或达成调解协议又反悔的，环保部门应根据具体情况，作出调处决定书。调解协议、调处决定都应告知当事人。如反悔或不服调处决定，可向当地人民法院提起诉讼，通过诉讼维护自身的合法权益。

七是提供证据，支持诉讼。受污染损害而进行投诉的举报人大多是老百姓，他们可能缺乏相应的法律、法规知识，在事实上与排污方存在着不平等，环保部门应提供证据，支持诉讼。《水污染防治法》第八十八条第二款就明确规定，环境保护主管部门和有关社会团体可以依法支持因水污染受到损害的当事人向人民法院提起诉讼。

（224）接到污染投诉后应当立即赶到现场进行处置吗？

环保热线电话经常在半夜响起，要求环保部门立即赶到现场进行处理。环保部门对于处理投诉的时间，应当把握以下原则：

（一）对于一般的公众投诉，可以在工作时间进行处理。

（二）对于不尽快处理就可能产生严重后果的，应当尽快进行处置。

（三）对于已经发生的突发环境事件，应当在第一时间进行处置。

（225）对要求环保部门履职的问题如何处理？

可以按照以下步骤进行处理：

（一）公众要求办理的事项是否是本部门的职责。

（二）本部门是否尽到了职责，是否存在失职行为。

（三）本部门尽到职责的证据有哪些。

（四）与要求履职人进行沟通，弄明白投诉人的要求。

（五）整理各种资料，做好应诉的准备。

四、不当处理法律后果

【案例 76】

2012 年 12 月，县环保局接到一份某制药厂利用墙体下面的渗井排放有毒物质的群众投诉来信，并交给监察大队的李某查处。

李某来到制药厂老板办公室，将举报信交给制药厂老板阅看。制药厂老板看后马上说："这肯定是那小子干的！跟老子过不去，等着瞧吧！"不久，附近的一个村民被汽车撞死。公安机关经过侦查，也没有找到肇事车辆。

死者的家属认为，举报人的死亡是环保局透露了举报人信息所致，就找环保局理论。环保局经过核实，发现负责环境监察的李某确实曾经给制药厂通风报信。经研究，决定给予其行政记过处分。

【解答与分析】

（226）泄露投诉人的情况属于什么性质？

《环境保护法》第五十七条第三款规定："接受举报的机关应当对举报人的相关信息予以保密，保护举报人的合法权益。"据此规定，举报人的信息在法律上属于国家秘密。所谓国家秘密，是指关系国家的安全和利益，依照法定程序确定，在一定时间内只限一定范围的人员知情的事项。保守国家秘密是中国公民的基本义务之一，更是环保机关工作人员的义务。

李某作为环保部门工作人员，负有对环境违法举报人保密的义务，不能对外透露举报人的姓名、电话等信息。然而李某不履行职责，将举报人的举报信件让被举报人阅看，导致举报人死亡的后果，涉嫌泄露国家秘密罪，应当依法追究刑事责任。

建立举报人保护机制是完善举报制度的重要方面，只有举报人的相关信息不泄露，才能让举报人没有后顾之忧，防止被举报人对举报人打击报复。

（227）对公众举报置之不理可能会有何法律后果？

《环境保护法》第五十七条规定："公民、法人和其他组织发现任何单位和个人有污染环境和破坏生态行为的，有权向环境保护主管部门或者其他负有环境保护监督管理职责的部门举报。"

第六十八条规定，“地方各级人民政府、县级以上人民政府环境保护主管部门和其他负有环境保护监督管理职责的部门”有“对超标排放污染物、采用逃避监管的方式排放污染物、造成环境事故以及不落实生态保护措施造成生态破坏等行为，发现或者接到举报未及时查处”行为的，“对直接负责的主管人员和其他直接责任人员给予记过、记大过或者降级处分；造成严重后果的，给予撤职或者开除处分，其主要负责人应当引咎辞职”。

根据上述规定，对于群众举报的下列内容“未及时查处”的，就应当给予行政处分：

（一）超标排放污染物行为；

（二）采用逃避监管的方式排放污染物行为；

（三）造成环境事故行为；

（四）不落实生态保护措施造成生态破坏行为。

（228）对公众的其他意见置之不理可能有何后果？

《环境信访办法》第三十七条规定，因下列情形之一导致环境信访事项发生、造成严重后果的，对直接负责的主管人员和其他直接责任人员依照有关法律、行政法规的规定给予行政处分；构成犯罪的，依法追究刑事责任：

（一）超越或者滥用职权，侵害信访人合法权益的；

（二）应当作为而不作为，侵害信访人合法权益的；

（三）适用法律、法规错误或者违反法定程序，侵害信访人合法权益的；

（四）拒不执行有权处理的行政机关作出的支持信访请求意见的。

《环境信访办法》第三十八条至第四十条规定了对于公众意见不当处理应当受到行政处分和追究刑事责任的其他情形，应当引起环保部门的重视。

第四节　突发环境事件

一、突发环境事件的范围

【案例 77】

2014 年 4 月 23 日 4 时，湖北省汉江武汉段入境断面出现氨氮浓度超标情况。23 日 16 时 30 分起，武汉市的白鹤嘴水厂、余氏墩水厂、国棉水厂因出厂水质氨氮超标，先后停止供水。

事发后，环境保护部、湖北省环保厅立即派出工作组指导环境应急处置工作，武汉市政府及时启动应急预案，采取以下处置措施：一是加强水厂技术处理和出水监测，保证出水水质，同时加强各供水管网区域内调剂和相互支援，最大限度减少停水区域。二是加强水质监测，关闭武汉市区境内汉江沿线排污口，协调相关部门，加大上游清水下泄流量。三是加强应急物资特别是活性炭和纯净水的储备和调度，组织城管、消防等部门做好应急送水准备，保障居民用水安全。四是统一信息发布渠道，及时向社会公布处置进展。

经调查，武汉市上游汉川市因强降雨开闸排水是导致此次事件发生的主要原因。4 月 25 日 19 时，汉江武汉段水质恢复正常。4 月 28 日 0 时，武汉市政府终止应急响应。（摘自环保部《2014 年重大突发环境事件简要情况》）

【解答与分析】

(229) 什么是突发环境事件？

突发环境事件，是指由于污染物排放或者自然灾害、生产安全事故等因素，导致污染物或者放射性物质等有毒有害物质进入大气、水体、土壤等环境介质，突然造成或者可能造成环境质量下降，危及公众身体健康和财产安全，或者造成生态环境破坏，或者造成重大社会影响，需要采取紧急措施予以应对的事件。

处理突发环境事件相关的法律依据有《突发事件应对法》《突发环境事件应急预案管理暂行办法》《突发环境事件信息报告办法》《国家突发环境事件应急预案》《突发环境事件调查处理办法》等。

（230）如何对突发环境事件进行分级？

（一）特别重大突发环境事件

1．因环境污染直接导致30人以上死亡或100人以上中毒或重伤的；

2．因环境污染疏散、转移人员5万人以上的；

3．因环境污染造成直接经济损失1亿元以上的；

4．因环境污染造成区域生态功能丧失或该区域国家重点保护物种灭绝的；

5．因环境污染造成设区的市级以上城市集中式饮用水水源地取水中断的；

6．Ⅰ、Ⅱ类放射源丢失、被盗、失控并造成大范围严重辐射污染后果的；放射性同位素和射线装置失控导致3人以上急性死亡的；放射性物质泄漏，造成大范围辐射污染后果的；

7．造成重大跨国境影响的境内突发环境事件。

（二）重大突发环境事件

1．因环境污染直接导致10人以上30人以下死亡或50人以上100人以下中毒或重伤的；

2．因环境污染疏散、转移人员1万人以上5万人以下的；

3．因环境污染造成直接经济损失2 000万元以上1亿元以下的；

4.因环境污染造成区域生态功能部分丧失或该区域国家重点保护野生动植物种群大批死亡的；

5．因环境污染造成县级城市集中式饮用水水源地取水中断的；

6．Ⅰ、Ⅱ类放射源丢失、被盗的；放射性同位素和射线装置失控导致3

人以下急性死亡或者10人以上急性重度放射病、局部器官残疾的；放射性物质泄漏，造成较大范围辐射污染后果的；

7．造成跨省级行政区域影响的突发环境事件。

（三）较大突发环境事件

1．因环境污染直接导致3人以上10人以下死亡或10人以上50人以下中毒或重伤的；

2．因环境污染疏散、转移人员5 000人以上1万人以下的；

3．因环境污染造成直接经济损失500万元以上2 000万元以下的；

4．因环境污染造成国家重点保护的动植物物种受到破坏的；

5．因环境污染造成乡镇集中式饮用水水源地取水中断的；

6．Ⅲ类放射源丢失、被盗的；放射性同位素和射线装置失控导致10人以下急性重度放射病、局部器官残疾的；放射性物质泄漏，造成小范围辐射污染后果的；

7．造成跨设区的市级行政区域影响的突发环境事件。

（四）一般突发环境事件

1．因环境污染直接导致3人以下死亡或10人以下中毒或重伤的；

2．因环境污染疏散、转移人员5 000人以下的；

3．因环境污染造成直接经济损失500万元以下的；

4．因环境污染造成跨县级行政区域纠纷，引起一般性群体影响的；

5．Ⅳ、Ⅴ类放射源丢失、被盗的；放射性同位素和射线装置失控导致人员受到超过年剂量限值的照射的；放射性物质泄漏，造成厂区内或设施内局部辐射污染后果的；铀矿冶、伴生矿超标排放，造成环境辐射污染后果的；

6．对环境造成一定影响，尚未达到较大突发环境事件级别的。

上述分级标准有关数量的表述中，“以上”含本数，“以下”不含本数。

（231）如何对突发环境事件信息进行报告？

根据《国家突发环境事件应急预案》的规定，事发地环境保护主管部门接到突发环境事件信息报告或监测到相关信息后，应当立即进行核实，对突发环境事件的性质和类别作出初步认定，按照国家规定的时限、程序和要求向上级环境保护主管部门和同级人民政府报告，并通报同级其他相关部门。突发环境事件已经或者可能涉及相邻行政区域的，事发地人民政府或环境保护主管部门应当及时通报相邻行政区域同级人民政府或环境保护主管部门。地方各级人民政府及其环境保护主管部门应当按照有关规定逐级上报，必要时可越级上报。

接到已经发生或者可能发生跨省级行政区域突发环境事件信息时，环境保护部要及时通报相关省级环境保护主管部门。

对以下突发环境事件信息，省级人民政府和环境保护部应当立即向国务院报告：

（一）初判为特别重大或重大突发环境事件；

（二）可能或已引发大规模群体性事件的突发环境事件；

（三）可能造成国际影响的境内突发环境事件；

（四）境外因素导致或可能导致我境内突发环境事件；

（五）省级人民政府和环境保护部认为有必要报告的其他突发环境事件。

二、环保部门的应急预案

【案例 78】

为检验和提高环境应急队伍对突发环境事件的应急处置能力，最大限度地减轻环境污染造成的损失，维护人民群众生命财产安全。近日，市环保局和县环保局联合开展了突发环境事件应急演练。

本次应急演练地点设置在某铅锌矿，突发环境事件为连降大雨的天气，致使尾矿库容量增加，发生尾矿库坝体渗漏，尾矿库内废水含有重金属，将会对生态和河流造成污染。环保局“12369”环保举报热线接警后，立即启动突发环境事件应急预案，并火速赶往事发现场。突发环境事件应急处置指挥部立即组成现场调查与处置组、应急监测组、后勤保障组、抢险救援组、对外宣传组、事件专家组等 6 个工作组，进行了现场调查、应急监测、信息报送、事态分析、物资保障、宣传报道等工作，各项应急处置快速有序进行。

本次突发环境事件应急演练，共有 70 余人参演，出动环境监察车 2 辆、应急监测车 2 辆、警车 1 辆、指挥车 1 辆、医疗急救车 1 辆。此次环境应急演练检验了环境应急队伍的快速反应、协同作战能力，提高了全市突发环境事件应急处置水平。

【解答与分析】

（232）环保部门是编制环境应急预案的主体吗？

根据《突发环境事件应急预案管理暂行办法》规定，编制环境应急预案的主体如下：

（一）向环境排放污染物的企业事业单位，生产、贮存、经营、使用、运输危险物品的企业事业单位，产生、收集、贮存、运输、利用、处置危险废物的企业事业单位，以及其他可能发生突发环境事件的企业事业单位，应当编制环境应急预案。

（二）工程建设、影视拍摄和文化体育等群体性活动有可能造成突发环境事件的，主办单位应当在活动开始前编制临时环境应急预案。

（三）县级以上人民政府环境保护主管部门应当根据有关法律、法规、规章和相关应急预案，按照相应的环境应急预案编制指南，结合本地区的实际情况，编制环境应急预案（国家法定节假日、国家重大活动期间），由本部门主要负责人批准后发布实施。

（233）环保部门编制的环境应急预案应当包括哪些内容？

（一）总则，包括编制目的、编制依据、适用范围和工作原则等；

（二）应急组织指挥体系与职责，包括领导机构、工作机构、地方机构或者现场指挥机构、环境应急专家组等；

（三）预防与预警机制，包括应急准备措施、环境风险隐患排查和整治措施、预警分级指标、预警发布或者解除程序、预警相应措施等；

（四）应急处置，包括应急预案启动条件、信息报告、先期处置、分级响应、指挥与协调、信息发布、应急终止等程序和措施；

（五）后期处置，包括善后处置、调查与评估、恢复重建等；

（六）应急保障，包括人力资源保障、财力保障、物资保障、医疗卫生保障、交通运输保障、治安维护、通信保障、科技支撑等；

（七）监督管理，包括应急预案演练、宣教培训、责任与奖惩等；

（八）附则，包括名词术语、预案解释、修订情况和实施日期等；

（九）附件，包括相关单位和人员通讯录、标准化格式文本、工作流程图、应急物资储备清单等。

（234）环保部门未编制环境应急预案应当承担哪些责任？

《突发环境事件应急预案管理暂行办法》第二十四条规定："应当编制或者修订环境应急预案的环境保护主管部门不编制环境应急预案、不及时修订环境应急预案或者不按规定进行预案备案的，由上级人民政府环境保护主管部门责令改正。"

第二十六条规定："环境保护主管部门或者企业事业单位不编制环境应急预案或者不执行环境应急预案，导致突发环境事件发生或者危害扩大的，依据国家有关规定对负有责任的主管人员和其他直接责任人员给予处分；构成犯罪的，依法追究刑事责任。"

根据上述法律规定，环保部门未编制环境应急预案，由上级人民政府环境保护主管部门责令改正；未编制环境应急预案发生突发环境事件后，依据国家有关规定对负有责任的主管人员和其他直接责任人员给予处分；构成犯罪的，依法追究刑事责任。

三、生产单位的应急预案

【案例 79】

2015 年 7 月 21 日，市环保局执法人员在对某混凝土企业进行检查时，发现其厂区内强碱性的混凝土冲洗废水四处横流，没有导流沟渠和应急设施进行收集，下雨时一旦雨量稍大，这些强碱性废水就会溢流进入旁边的瓯江流域。

经查，这家企业未按要求编制和备案《突发环境事件应急预案》，也没有开展环境安全隐患排查治理和采取防控措施。随后，市环保局依据《突发环境事件应急管理办法》第三十八条的规定，对这家企业处罚款 1 万元。

【解答与分析】

（235）哪些生产单位应当编制环境突发事件应急预案？

（一）向环境排放污染物的企业事业单位；

（二）生产、贮存、经营、使用、运输危险物品的企业事业单位；

（三）产生、收集、贮存、运输、利用、处置危险废物的企业事业单位；

（四）工程建设、影视拍摄和文化体育等群体性活动有可能造成突发环境事件的，主办单位应当在活动开始前编制临时环境应急预案；

（五）其他可能发生突发环境事件的企业事业单位。

（236）环保部门应当如何对生产单位的应急预案进行处罚？

应当编制或者修订环境应急预案的企业事业单位不编制环境应急预案、不及时修订应急预案或者不按规定进行应急预案评估和备案的，由县级以上人民政府环境保护主管部门责令限期改正；逾期不改正的，依据有关法律、法规给予处罚。

（237）**受理部门对应备案的应急预案不备案应当承担哪些责任？**

根据《企业事业单位突发环境事件应急预案备案管理办法》第二十四条的规定，受理部门及其工作人员违法本办法“对备案文件齐全的不予备案或拖延处理的”，由环境保护主管部门或其上级环境保护主管部门责令改正；情节严重的，依法给予行政处分。

四、突发事件的处理方法

【案例 80】

县环保局根据群众打来的电话了解到，县工业园区通往县城市综合污水厂之间 5 公里长的输送污水管道破裂。环保局工作人员通过现场查看发现，污水已经淹没周围的农田，几十亩农田被污水浇灌。经检测，跑漏的污水各项指标均严重超标。

经查，这段管道属于县住房和城市建设局下属的一个事业单位管理。主管县领导认为，输水管道的管理单位因为管理不善造成事故，应当予以处罚，遂要求环保局对该管理单位给予处罚。

环保局找不到处罚的法律依据，咨询了河北马倍战律师事务所。

【解答与分析】

（238）**环保部门在突发事件中应当开展哪些工作？**

环保部门在突发环境事件应对处置中应当做到的五个“第一时间”：

第一时间报告，可以争取应对处置的资源；

第一时间赶赴现场，可以及时了解事件情况，防止误判；

第一时间开展监测，可以为应对处置及时提供决策依据；

第一时间发布信息，可以避免谣言传播，维护社会稳定。

2012 年 12 月山西天脊煤化工集团发生苯胺泄漏事故后，天脊集团、长治市政府和有关部门没有及时报告、开展环境监测并发布信息，错过了应对处置的最佳时机，造成了跨省界重大突发水污染事件，教训非常深刻。

（239）突发环境事件调查组应由哪些成员组成？

根据《突发环境事件调查处理办法》的规定，由环境保护主管部门主要负责人或者主管环境应急管理工作的负责人担任组长，应急管理、环境监测、环境影响评价管理、环境监察等相关机构的有关人员参加。调查组可以根据实际情况分为若干工作小组开展调查工作。工作小组负责人由调查组组长确定。

环境保护主管部门可以聘请环境应急专家库内专家和其他专业技术人员协助调查。

环境保护主管部门可以根据突发环境事件的实际情况邀请公安、交通运输、水利、农业、卫生、安全监管、林业、地震等有关部门或者机构参加调查工作。

（240）环保部门可以对造成污染的单位进行处罚吗？

根据《突发环境事件应急管理办法》第三十七条的规定，企业事业单位违反本办法规定，导致发生突发环境事件，《突发事件应对法》《水污染防治法》《大气污染防治法》《固体废物污染环境防治法》等法律法规已有相关处罚规定的，依照有关法律法规执行；较大、重大和特别重大突发环境事件发生后，企业事业单位未按要求执行停产、停排措施，继续违反法律法规规定排放污染物的，环境保护主管部门应当依法对造成污染物排放的设施、设备实施查封、扣押。

《突发环境事件应急管理办法》第三十八条规定，企业事业单位有下列情形之一的，由县级以上环境保护主管部门责令改正，可以处一万元以上三万元以下罚款：

（一）未按规定开展突发环境事件风险评估工作，确定风险等级的；

（二）未按规定开展环境安全隐患排查治理工作，建立隐患排查治理档案的；

（三）未按规定将突发环境事件应急预案备案的；

（四）未按规定开展突发环境事件应急培训，如实记录培训情况的；

（五）未按规定储备必要的环境应急装备和物资；

（六）未按规定公开突发环境事件相关信息的。

环保部门可以按照上述规定对有关单位实施处罚。

第六章　环境行政案件

第一节　环境行政复议

一、行政复议的概念和对象

【案例 81】

某市的一级水源保护区内建有高档生活小区，并建有高尔夫球场、儿童游乐场、餐厅等生活配套设施。王先生是该地居民，认为在一级水源保护区不应当建有上述设施，遂向当地环保部门申请公开相关建筑的环境影响评价文件及相应的竣工验收文件。环保部门收到王先生的信息公开申请后，以其不是利害关系人为由，拒绝向其提供相关信息。王先生不服，向当地政府提起了行政复议，要求复议机关责令环保部门公开相关环境信息。

【解答与分析】

（241）什么是行政复议？

行政复议是公民、法人或者其他组织认为行政机关的具体行政行为侵犯其合法权益，按照法定的程序和条件向作出该具体行政行为的上一级行政机关或法定机关提出申请，由受理申请的行政机关对该具体行为进行复查并作出复议决定的活动。行政复议包含以下几个要点：

（一）行政复议只能由作为行政相对人的公民、法人或者其他组织提起，作出具体行政行为的行政机关或者法律、法规授权的组织只能作为被申请人参与行政复议程序。

（二）行政复议机关是作出原具体行政行为的上级主管部门或本级人民政府，仅在特定情况下由原行为机关复议。行政复议本身是行政机关内部处理问题、解决争议的方法，如此规定是为了实现相对的公正。

（三）行政复议程序保护的是公民、法人或者其他组织的合法权益，它是一种程序性权利，申请人可以自行选择行使或放弃。但是，在行政复议前置的情况下，行政相对人必须先进行行政复议，才能提起行政诉讼。当然，在环境行政复议中不存在这个问题。

（四）行政复议原则上只对行政机关作出的具体行政行为进行审查，只在特定情况下对部分规范性文件进行审查，且必须在审查具体行政行为时一并进行，不能单独提出。

（242）行政复议与行政诉讼的区别在哪里？

行政复议与行政诉讼都是当事人在认为行政机关的行为侵害了其合法权益时的救济途径，但两者之间存在明显的区别，主要体现在以下四个方面：

（一）性质不同。行政复议是由上一级行政机关对下一级行政机关所作出具体行政行为进行的审查，是系统内部的自查，属于行政行为；行政诉讼则是人民法院对行政机关所作具体行政行为实施的司法监督，是司法行为。

（二）审理范围不同。人民法院只审查具体行政行为的合法性，一般不审查其是否适当；复议机关不仅审查具体行政行为是否合法，而且还要审查其是否适当。

（三）处理原则不同。行政诉讼是“不告不理”，判决不能超出原告的诉讼请求；而行政复议则是“有错必纠”，是行政机关内部的自纠程序，也就意味着行政复议的范围不局限于申请人的申请。

（四）审理程序不同。人民法院审理案件，完全按照司法程序进行，原则上要公开审理；而行政复议原则上是书面复议，程序相对灵活、简便。

(243) 行政复议的对象是什么？

从行政复议的定义看，行政复议的对象是行政相对人认为侵害了其合法权益的具体行政行为。《环境行政复议办法》第七条规定了行政相对人针对环境保护行政主管部门提出行政复议的六种情形，具体如下：

（一）环境保护行政主管部门作出的查封、扣押财产等行政强制措施；

（二）环境保护行政主管部门作出的警告、罚款、责令停止生产或者使用、暂扣、吊销许可证、没收违法所得等行政处罚决定；

（三）认为符合法定条件，申请环境保护行政主管部门颁发许可证、资质证、资格证等证书，或者申请审批、登记等有关事项，环境保护行政主管部门没有依法办理；

（四）环境保护行政主管部门有关许可证、资质证、资格证等证书的变更、中止、撤销、注销决定；

（五）认为环境保护行政主管部门违法征收排污费或者违法要求履行其他义务；

（六）认为环境保护行政主管部门的其他具体行政行为侵犯其合法权益的情况。

同时，行政复议中也可以对部分规范性文件进行审查。《行政复议法》第七条规定，公民、法人或者其他组织认为行政机关的具体行政行为所依据的下列规定不合法，在对具体行政行为申请行政复议时，可以一并向行政复议机关提出对该规定的审查申请：

（一）国务院部门的规定；

（二）县级以上地方各级人民政府及其工作部门的规定；

（三）乡、镇人民政府的规定。

前款所列规定不含国务院部、委员会规章和地方人民政府规章。规章的审查依照法律、行政法规办理。

二、行政机关作为被申请人

【案例 82】

某化工厂在建设之前依照法律规定委托有资质的环评机构编制了环境影响报告书，并通过了环保部门的审批。建设完成并经审批试生产两个月后，该厂向审批部门提出了竣工环境保护验收申请。验收组在验收过程中发现该厂防护距离内有在建的生活小区，认为不符合竣工验收的条件。化工厂不服，认为在建的生活小区建设在后，自己环评审批在前，环保部门不通过竣工验收无法律依据，遂向当地政府提出了行政复议。

【解答与分析】

（244）行政机关如何反驳申请人复议行为的合法性？

申请人提起行政复议程序，应该是正确的申请主体，针对正确的行政主体，在正确的时间内，向正确的机关提出。也就是说，申请人要保证自己有提出行政复议的权利，要选择正确的被申请人，选择正确的复议机关，并且在法律法规规定的时效内提出自己的复议请求。这也正是作为被申请人的行政机关，驳斥申请人的关键所在。同时，需要提示行政机关的是，行政复议程序中，虽然主要的举证责任在被申请人一方，但是在特定情形下，申请人同样需要承担部分举证责任。

根据《环境行政复议办法》第十四条的规定，有下列情形之一的，申请人应当提供相应证明材料：

（一）认为被申请人不履行法定职责的，提供曾经要求被申请人履行法定职责而被申请人未履行的证明材料；

（二）申请行政复议日期超过法律、法规规定的行政复议申请期限的，提供因不可抗力或者其他正当理由耽误法定申请期限的证明材料；

（三）申请行政复议时一并提出行政赔偿请求的，提供受具体行政行为侵害而造成损害的证明材料；

（四）法律、法规规定需要申请人提供证据材料的其他情形。

（245）行政机关如何答复行政复议案件？

作为被申请人，除了反驳申请人复议行为的合法性外，证明自己作出具体行为的合法性更为重要。行政机关应做好以下两点：

（一）及时提交答复书

行政复议答复书是针对申请人的复议申请书提出的，驳斥申请人观点，并提出自己理由的法律文书。就整个行政复议程序而言，提交答复书是行政机关的重要权利，也是帮助复议机关尽快查明事实，作出决定的方式。行政复议原则上是进行书面审理的。在没有对双方当事人进行质询的情况下，复议机关只能通过双方提供的书面材料对案件事实进行分析、判断。申请人已经通过申请书，将自己所要表达的问题全面系统地进行了阐述。如果答复人只是提交当时作出具体行政行为的案卷，而没有答复书，复议机关就只能通过行政机关提交的证据，根据自己的分析、判断，加入自己的联想，推断行政机关在作出具体行政行为时的判断、想法。这样，就难免发生偏差与误解。同时，因为专业不同，可能出现误判。而通过答复书，行政机关在有针对性地驳斥申请人观点的同时，还能完整系统地阐述己方观点，详细说明卷内证据的证明力与关联性，使复议机关更为顺畅地进入行政机关作出具体行政行为的思路。

（二）积极整理案卷，提交当初作出具体行政行为的证据、依据及其他材料

行政复议审查的是具体行政行为的合法性及合理性。行政行为的合法性包括主体合法、内容合法、程序合法。例如，在上述案例中，除了提交申请人违法行政的证据外，还应当提交证明具体行政行为合法的证据。《行政复议法实施条例》第四十六条规定，被申请人没有“提出书面答复、提交当初作出具体行政行为的证据、依据和其他有关材料的，视为该具体行政行为没有

证据、依据，行政机关应当决定撤销该具体行政行为”。如果行政机关拒绝提交上述材料。将要承担因此导致的不利后果。

（246）如何为可能发生的行政复议做好准备？

不管是质疑申请人复议行为的合法性，还是证明自身具体行政行为的合法性，都是事后补救措施。《行政复议法》第二十四条规定：“在行政复议过程中，被申请人不得自行向申请人和其他有关组织或者个人收集证据。”如果问题是在当初作出具体行政行为留下的，而在复议程序中，行政机关不得进行取证，这样败诉风险极大。这就要求行政机关在日常执法过程中严格要求自己，依法行政，每一次办理行政案件，都要以日后应对救济程序的要求规范自己的执法行为，做到事实清楚，证据确凿，适用依据正确，程序合法，内容适当。只有这样，在日后的行政复议，或在行政诉讼中，行政机关才能走得更轻松。

三、行政机关作为复议机关

【案例 83】

某公司为县重点排污单位，按要求应当主动公开环境信息。当地环保部门在日常检查中发现其公开的内容不全，缺少主要污染物及超标排放情况。当时，环保局向该公司下达了《责令改正决定书》，要求其在 3 日内按照法律规定的内容、形式公开环境信息。同时，以法律规定的程序对该公司处以罚款 10 万元。该公司不服，认为罚款数额过高，口头向上级环保行政主管部门提起行政复议。复议机关在审查了双方提交的材料后，认为案情复杂，通知双方当事人于 3 日后到复议机关接受质询。质询当日，双方当事人均未到场，由其代理律师代为陈述观点。之后，当事人称双方已达成和解协议，并向复议机关提交了和解协议书。

【解答与分析】

(247) 复议机关是否应当接受申请人的口头复议申请?

现实中，复议机关往往要求申请人必须提交书面申请，才接受他的复议要求。而《行政复议法》《环境行政复议办法》中均规定，当事人提起行政复议的方式可以是书面形式，也可以是口头形式。当事人以口头形式提出行政复议申请时，复议机关应当作出口头申请行政复议笔录，并向申请人宣读，由其签字确认。口头申请行政复议笔录应包括以下内容：申请人基本情况（公民的姓名、性别、年龄、工作单位、住所、身份证号码、邮政编码、联系电话，法人或者其他组织的名称、住所、邮政编码、联系电话和法定代表人或者主要负责人的姓名、职务）；被申请人的名称；行政复议请求；申请行政复议的主要事实和理由；申请人签名或者盖章；申请行政复议的日期。复议机关不能为了自己工作方便而排除申请人口头提出的行政复议申请。

(248) 复议机关是否应当允许被申请人委托代理人参加复议?

《行政复议法实施条例》和《环境行政复议办法》规定，申请人、第三人可以委托一至二名代理人参加行政诉讼，而没有提到被申请人可以委托代理人。但这并非意味法律禁止行政机关委托代理人参加行政复议。

一种观点认为，参加复议的行政机关无权委托代理人。对于行政权力的行使来说，虽有“法无明文规定即禁止”的原则，但因“委托”并非一项行政权力，因此不能以“法律没有相关规定”为由，认为行政复议被申请人无权委托代理人参加复议。

行政复议审查范围不限于申请人的复议请求，而是要全面审查具体行政行为的合法性与合理性。作为被申请人的行政机关不但应当向复议行政机关提交作出行政行为的法律依据和各种材料，还应提交答复书。参加复议的工作看似简单，实则涉及许多复杂的法律问题。因此，作为被申请人的行政机关委托代理人参加复议很有必要。

(249)行政复议案件是否允许和解或调解?

行政复议案件原则上不适用和解，在特定情况下，允许双方当事人和解，复议机关负有审查义务。《环境行政复议办法》第二十四条规定，“申请人因对被申请人行使法律、法规规定的自由裁量权作出的具体行政行为不服申请行政复议，申请人与被申请人在行政复议决定作出前自愿达成和解的，应当向环境行政复议机构提交书面和解协议，和解内容不损害社会公共利益和他人合法权益的，环境行政复议机构应当准许。”

行政复议案件原则上不适用调解，但有例外情形。《环境行政复议办法》第二十五条规定，“公民、法人或者其他组织对环境保护行政主管部门行使法律、法规规定的自由裁量权作出的具体行政行为不服申请行政复议的”,“当事人之间的行政赔偿或者行政补偿纠纷”，环境行政复议机关可以按照自愿、合法的原则进行调解。

四、行政复议听证程序

【案例 84】

县污水处理厂与某环境集团公司签订《委托运营协议》，由该环境集团公司负责经营污水处理厂，并承担经营过程中因超标排污而可能受到的行政处罚。该县环保局在执法大检查中发现，污水处理厂存在超标排放情况。鉴于污水处理厂与环境集团公司签订的《委托运营协议》，环保局对该环境集团公司作出了罚款决定。环境集团公司不服，以县环保局处罚主体不正确为由，向县人民政府提出了复议申请。同时，该环境集团公司要求复议机关举行听证，以查明案情。在听证过程中，县环保局委托刘律师代为参加听证程序，没有相关工作人员参与。

【解答与分析】

（250）听证程序在行政复议中有何作用？

听证程序在行政复议中相当于诉讼中的庭审环节，对复议机关查明事实，作出决定起到关键作用。

行政复议听证是指，行政复议机关在办理行政复议案件过程中，为查明案件事实，组织并听取当事人以及其他听证参加人就案件所涉及的具体行政行为的事实、证据、依据、程序进行陈述、举证、质证、辩论的活动。《行政复议法》第二十二条规定："行政复议原则上采取书面审查的办法，但是申请人提出要求或者行政复议机关负责法律工作的机构认为有必要时，可以向有关组织和人员调查情况，听取申请人、被申请人和第三人的意见。"《行政复议法实施条例》第三十三条规定："行政复议机构认为有必要时，可以实地调查核实证据；对重大、复杂的案件，申请人提出要求或者行政复议机构认为必要时，可以采取听证的方式审理。"依据上述规定可知，行政复议以书面审查为原则。只有在特定情况下，才举行类似于诉讼庭审的听证程序。所以，行政机关应重视行政复议听证，把握可以直陈理由、当场辩驳的机会。

（251）被申请人是否可以委托律师参加听证？

《行政复议法实施条例》中仅规定了行政复议案件在特定情况下可以举行听证，并没有对听证程序作过多程序性规定。因没有针对行政复议听证程序制定全国性的法律、法规，各地有不同的规定。《河北省行政复议听证程序规定》第十七条规定："听证当事人委托代理人参加听证的，应当提交由委托人签名或者盖章的授权委托书；被申请人的代理人由本机关指定相关公务人员担任。"由此可见，行政机关作为被申请人参加河北省内的行政复议，不能由律师代为参加听证程序，只能由本机关相关公务人员担任。当然，行政相关仍可委托律师帮助处理行政复议案件的其他问题。

（252）听证笔录是否应当作为复议机关作出决定的依据？

听证笔录是对听证过程的书面记录，不能作为依据；但是通过听证笔录得出的结论，应当作为作出决定的依据。行政复议听证笔录是指，行政复议案件承办人在听证过程中，对案件当事人及其他听证参加人就案件所涉及的具体行政行为的事实、证据、程序进行陈述、举证、质证、辩论所作的一种书面记载，是复议机关对复议听证活动全过程所作的书面记录。可见，听证笔录作为复议机关作出决定的依据，其实质是，通过听证程序，双方陈述观点、驳斥对方、提交证据后，复议机关通过对相关证据、言辞的甄别，形成自己的观点，并依据此观点最终作出行政复议决定。听证笔录是对听证过程的反映，听证是为了查明事实，去伪存真，作出决定。

第二节　环境行政诉讼

一、行政诉讼概述

【案例 85】

刘某计划在本县开办一化工企业，经过仔细考察，决定将厂址定在县城北边，并依照相关规定编制了环境影响评价报告书。通过审批后，刘某开始找来工程队，开工建设。县里的居民发现后，推举王某为代表，向环保局提出了信息公开申请，要求公开刘某化工厂的环境影响评价书及审批文件。收到环保局公开的文件后，居民们认为刘某化工厂的环境影响评价书有造假行为，其中公众参与部分明显与事实不符，县环保局审批的行政行为侵害了自己的合法权益。于是，居民向法院提出了行政诉讼，要求撤销县环保局的审批文件。

【解答与分析】

（253）**什么是行政诉讼？**

行政诉讼是公民、法人或者其他组织认为国家机关作出的行政行为侵犯其合法权益而向法院提起的诉讼。行政诉讼与行政复议一样，是当事人的救济途径。行政诉讼虽然与行政复议不能同时进行，需要择一而为。但是，收到行政复议决定书后不服的，还可以再进行行政诉讼，所以说行政诉讼是当事人权利的最终救济途径。

（254）**行政诉讼的特点是什么？**

行政诉讼的当事人是固定的，原告是认为具体行政行为侵害其合法权益的公民、法人或者其他组织，被告是作出具体行政行为的行政机关或者法律、法规授权的组织。行政诉讼是通过对被诉行政行为合法性进行审查而解决行政争议的司法活动，因而有严格的程序要求。行政诉讼只审查行政行为的合法性，不审查合理性。诉讼期间，原行政决定不停止执行。同时，行政诉讼原则上不适用调解；只有行政赔偿、补偿以及行政机关行使法律、法规规定的自由裁量权的案件可以调解。同时，行政诉讼只解决部分行政争议，只有行政机关进行行政管理活动过程中同行政管理相对一方当事人之间发生的行政争议才能进入行政诉讼程序。

（255）**什么是环境行政诉讼？**

环境行政诉讼是个人、法人或者其他组织认为环境保护行政主管机关作出的行政行为侵犯其合法权益而向法院提起的诉讼。环境行政诉讼的被告固定为负有环境保护行政监督管理职责的部门。环境行政诉讼的原告范围呈扩大趋势。这是因为环境保护行政主管机关作出的具体行政行为直接影响到周边环境，可能造成环境污染，进而对行政相对人以外的人产生危害。所以，行政相对人和作为环境受害人的公民以及作为环境公益组织的环保团体都可以提起环境行政诉讼，这也是其最大特色。

二、环境行政诉讼当事人

【案例 86】

江苏的张某向河北某县环保局提出信息公开申请，要求其公开当地所有化工厂的环境影响评价文件及审批文件。当地环保局认为张某与其要求公开的信息没有利害关系，拒绝向其公开相关内容。张某不服，向当地人民政府提起行政复议。复议机关维持了县环保局的决定。张某又向人民法院提起行政诉讼，要求责令环保局公开相关信息。法院受理后，依法公开审理了此案。双方当事人均未出庭，都委托了律师代为参加诉讼。在庭审中，原告律师提出：根据行政诉讼法的规定，被告的负责人应当出庭应诉；被告的负责人不依照法律要求出庭参加诉讼，法院应当缺席判决。

【解答与分析】

(256) 环保部门负责人必须出庭应诉吗？

《行政诉讼法》第三条第三款规定："被诉行政机关负责人应当出庭应诉。不能出庭的，应当委托行政机关相应的工作人员出庭。"依照上述规定，行政机关的负责人应当出庭应诉或者委托工作人员出庭应诉，但对于行政机关负责人既不出庭应诉也不委托工作人员出庭应诉的法律后果没有规定。

《行政诉讼法》第三十一条规定："当事人、法定代理人，可以委托一至二人作为诉讼代理人。下列人员可以被委托为诉讼代理人：（一）律师、基层法律服务工作者；（二）当事人的近亲属或者工作人员；（三）当事人所在社区、单位以及有关社会团体推荐的公民。"《行政诉讼法若干问题的解释》第五条规定，行政诉讼法第三条第三款规定的"行政机关负责人"，包括行政机关的正职和副职负责人。行政机关负责人出庭应诉的，可以另行委托一至二名诉讼代理人。

依据上述法律规定，作为被诉行政机关的负责人，其个人出庭应诉的，可以另行委托一至二名诉讼代理人；不能出庭的，应当至少委托一名行政机关相应的工作人员出庭。行政机关作为当事人可以委托一至二人作为诉讼代理人。

（257）与具体行政行为无关的第三人是否有权提起环境行政诉讼？

从行政诉讼的角度考虑，《行政诉讼法》第二十五条规定有权提起行政诉讼的主体是“行政行为的相对人以及其他与行政行为有利害关系的公民、法人或者其他组织”。所以判断与行政行为无关的第三人是否有权提起行政诉讼，应当看行政行为与其是否有利害关系。如果行政机关的行政行为与其有利害关系，则有权提起行政诉讼；如果没有利害关系，则无权提起行政诉讼。

在环境诉讼方面，原告的范围呈扩大趋势，《民事诉讼法》和新《环境保护法》授予了与违法行为造成的后果无利害关系的环保组织以环境民事公益诉讼案件的起诉权。其中，《环境保护法》第五十八条明确规定了对污染环境、破坏生态，损害社会公共利益的行为，符合一定社会组织可以向人民法院提起诉讼。最高人民法院于 2015 年 1 月发布实施了《关于审理环境民事公益诉讼案件适用法律若干问题的解释》，将此类公益诉讼定性为环境民事公益诉讼，并进一步将其完善，这是环境公益诉讼迈出的重要一步。

对于环境行政公益诉讼，最高人民检察院于 2015 年 7 月发布《检察机关提起公益诉讼试点方案》，授予了 13 个省、自治区、直辖市检察院的环境行政公益诉讼的起诉权。但这只是一个改革试点方案，规定期限为两年。可以说环境行政公益诉讼更是刚刚起步，因此，个人提起环境行政公益诉讼于法无据。

综上所述，如果具体行政行为与此第三人有利害关系，则其可以提起环境行政诉讼；如果没有，则不能提起。

（258）复议机关什么情况下会成为行政诉讼的被告？

《行政诉讼法》第二十六条第二款规定：“经复议的案件，复议机关决定维持原行政行为的，作出原行政行为的行政机关和复议机关是共同被告；复议机关改变原行政行为的，复议机关是被告。”第三款规定：“复议机关在法定期限内未作出复议决定，公民、法人或者其他组织起诉原行政行为的，作出原行政行为的行政机关是被告；起诉复议机关不作为的，复议机关是被告。”《最高人民法院关于适用〈中华人民共和国行政诉讼法〉若干问题的解释》第六条第一款规定，“复议机关决定维持原行政行为，包括复议机关驳回复议申请或者复议请求的情形，但以复议申请不符合受理条件为由驳回的除外”。第二款规定，“复议机关改变原行政行为，是指复议机关改变原行政行为的处理结果”。依据上述规定，复议机关在下列情形下可能会成为行政诉讼的被告：

（一）复议机关决定维持原行政行为的；

（二）复议机关驳回复议申请或复议请求的（以复议申请不符合条件为由驳回的除外）；

（三）复议机关改变原行政行为的处理决定的；

（四）复议机关在法定期限内未作出复议决定，公民、法人或者其他组织起诉复议机关不作为的。

三、避免行政诉讼的方法

【案例 87】

某化工厂因为超标排污被当地环保局依据《水污染防治法》的规定处以30余万元罚款。化工厂不服，以案件事实不清、证据不足、程序违法为由，向人民法院提起了行政诉讼。法院受理后，依法公开审理此案。在审理过程中，县环保局提交了当时作出具体行政行为的证据，其中包括县监测站出具的监测报告一份、行政处罚事先告知书一份。法院通过审理查明，环保部门提交的监测报告取样环节没有相应的现场检查笔录相印证，罚款数额的确定缺少必要的证明材料，作出较大数额的罚款决定前没有告知当事人享有听证的权利。法院认为，环保局被诉行政行为事实不清、证据不足、程序违法，遂判决依法予以撤销。

【解答与分析】

（259）如何做到行政处罚事实清楚、证据确实充分？

在环境执法过程中，处理案件一个原则性规定是“事实清楚，证据确实、充分，程序合法，适用法律正确，处罚适当”。所谓事实清楚，是指决定案件性质以及案件能否成立的主要事实清楚。所谓证据确实，是指据以定案的各项证据均是真实可靠的，无伪造、诱导之嫌疑，亦无彼此矛盾的现象；据以定案的各项证据均与案件事实具有关联性，不存在以彼事项印证此事项，或虚妄推断的现象；据以定案的各项证据相互协调一致，共同指向同一个证明结论。所谓证据充分，是指案件所涉及的事实均有必要的证据予以佐证，用来证实案件事实的所有证据构成完整的证明体系，能形成“证据链”。

环境违法行为大多都没有连续性，尤其是环境执法过程中查到的环境违法行为，往往都是瞬间超排。只有证据确实充分，才能做到事实清楚。河北马倍战律师事务所在此提示，要做到事实清楚，证据确实充分，应当做到以下几点：（一）多种证据形式综合运用，相互印证；（二）证明案件各个环节都有证据证明；（三）各个证据之间必须形成统一的证据链条，不能有冲突；（四）法律法规等规范性文件要求多种证据形式并存时，必须要同时具备。

（260）如何做到行政处罚适用法律正确？

行政机关是执法机关，具体到环境保护行政主管机关，主要就是监督执行环境方面的法律法规。执法，首先要学法、知法，知道自己执行与守护的是什么法律，明了相关法律的立法意图与法律条款。其次，要找法，遇到环境行政违法行为，要明白这种情况下要自己应当适用什么法律，或者说哪些法律可以规范眼前的环境违法行为。最后，是选择要适用的法律，法律因其制定机关不同，具有不同的法律位阶，不同的规范也可能规范同一行为，所以要适用最适合的法律条文，作出最恰当的处理。当然，因为法律规定的滞后性，法律不可能穷尽现实中所有的环境违法行为，有时可能出现法律空白的情形。如果可以找到相关的法律原则或兜底条款，可以适用相关规范。但是，鉴于行政法规是为约束行政机关执法权而设置的，一般原则为“法无规定即禁止”。所以，环境保护主管部门在适用相关原则或兜底条款处理环境违法行为时，一定要慎重。

（261）如何做到行政处罚程序合法？

环保部门的每一项权利都是有法律法规授权的，而针对每一项措施，法律法规都有明显的程序性规定。要做到程序合法，其实是上述三项中最简单的一项，同时也是最容易被忽略的一项。做到程序合法，需要认真学习相关的规范性文件，读懂、读会其中的每一个条款，认真地去执行即可。之前行政机关执法存在很大随意性，但在目前的执法环境下，很难继续下去。所以，建议各环境行政保护主管机关根据各项具体工作的规范性文件，作出流程图，然后分发给一线执法人员。开始的时候执法人员可能觉得过多约束。但是只要认真办理几个案件，执法人员形成习惯，机关的办案人员执法素质一定会有一个质的飞跃。

四、环境行政诉讼的注意事项

【案例 88】

某化工企业因超标排污被当地环保局处以 20 余万元罚款。化工企业不服，以该罚款决定事实不清，证据不足为由向法院提起行政诉讼。经法院审理查明，证明化工企业超标排污的只有当地监测站出具的一份监测报告，但是取样过程没有记入相应的现场检查笔录。被告当庭要求，庭后自行调取该企业自装的在线监测设备的监测数据。原告代理人指出，被告诉讼期间不得自行收集证据。被告遂要求法院调取相关证据，以证明被告被诉行为的合法性。在法庭审理过程中，双方当事人称已自行达成和解，将原处 20 余万元罚款变更为 18 万元。

【解答与分析】

（262）行政诉讼中行政机关可以自行收集证据吗？

在行政诉讼中被告不得自行收集证据，这是行政诉讼中特有的证据规则。河北马倍战律师事务所认为，此条规定指的是，作为被告的行政机关不得自行收集证明其被诉具体行政行为合法性的证据。因为此类证据应当在被告作出具体行政行为之前就应当存在，并且应当达到确实、充分的要求。这是行政机关作出具体行政行为的基本要求。但是除此之外的证据，例如，证明原告不适格的证据、证明原告所诉行政行为不属于人民法院受理范围的证据，证明原告的诉讼请求已过法律规定的诉讼时效的证据等，被告都是可以收集的。

（263）法院在诉讼中是否可以调取被告作出行政行为时未收集的证据？

法院不能为证明行政行为的合法性调取被告作出行政行为时未收集的证据。我国各国家机关享有不同的职权。行政机关是执法机关，享有执法权；人民法院是司法机关，享有司法权。不管是行政机关的执法行为，还是人民法院的司法行为，都要遵守国家的相关法律法规。行政机关要依法行政，在作出具体行政行为时要做到事实清楚、证据确凿，适用法律法规正确，程序合法。只有做到这些，行政行为才具有合法性。在行政诉讼中，法院就是行使司法权，审查行政机关被诉具体行政行为的合法性。法院的角色就是居中审判，不得偏袒任何一方。如果允许法院为证明行政行为的合法性而调取被告作出具体行政行为时未收集的证据，就意味着法院在诉讼程序中为被告的被诉具体行政行为进行补证，这不仅有失司法公正，不利于保护行政相对人的合法权益，而可能导致行政机关随意执法，不规范执法，最终可能导致行政机关执法权的滥用。

（264）在行政诉讼中原告撤诉后能否再行起诉？

在环境行政诉讼过程中，原告因各种原因撤销了诉讼，作为被告的环保部门经常担心原告会不会就同一案件再次提起诉讼。

根据《最高人民法院关于执行〈中华人民共和国行政诉讼法〉若干问题的解释》第四十四条第（九）项的规定，“已撤回起诉，无正当理由再行起诉的”，人民法院应当裁定不予受理；已经受理的，裁定驳回起诉。因此，原告撤诉后，如果没有正当理由再行起诉的，人民法院将不予受理。

第三节　环境行政赔偿

一、国家赔偿的主要内容

【案例 89】

小王从小外出打工，学到镀锌的技术，感觉挺挣钱，就回乡开办了一家镀锌厂，干得倒也红红火火。小刘是小王从小一起长大的朋友，看到小王的厂子干得挺热闹的，就在旁边也开了一家厂子，让小王来指导了几天，就开工了。环保局检查发现，小刘的厂子没有污染防治设施，污水直接通过厂内的小水沟排出。经研究，环保局决定直接扣押小刘厂房内的机器设备，在车间大门张贴了封条。当时，小刘称厂房内还有一批小王厂内镀好的成品，自己借来给工人作参考的，希望能取出来。执法人员没有理会小刘的说法，直接把那批镀好的件封在了厂房内。事后，小王也找执法人员交涉过，都未得到重视。一周后，小王向环保局提出了行政赔偿请求，并附《加工承揽合同》一份，以及小刘的证言一份。

【解答与分析】

（265）什么是国家赔偿？

国家赔偿，又称国家侵权损害赔偿，是指国家机关及其工作人员因行使职权给公民、法人及其他组织的人身权或财产权造成损害，依法应给予的赔偿。国家赔偿由侵权的国家机关履行赔偿义务。我国于 1994 年 5 月 12 日第八届全国人民代表大会通过了我国第一部《国家赔偿法》，第一次将国家赔偿引入立法，也正式确立了国家对其侵权行为承担责任的制度。同时，因最终承担责任的是国家，法律严格限制了赔偿的范围与方式。

（266）国家赔偿如何分类？

国家赔偿包括行政赔偿与刑事赔偿。行政赔偿是指行政机关及其工作人员违法行使行政职权侵犯公民、法人和其他组织的合法权益造成损害的，行政机关作为赔偿义务机关应当给予赔偿。赔偿请求人要求赔偿应当先向赔偿义务机关提出，也可以在申请行政复议和提起行政诉讼时一并提出。刑事赔偿是指公安机关、国家安全机关、检察机关、审判机关、监狱管理机关及其工作人员违法行使职权，侵犯当事人人身权、财产权造成损害而给予的赔偿。《国家赔偿法》第三十八条规定："人民法院在民事诉讼、行政诉讼过程中，违法采取对妨害诉讼的强制措施、保全措施或者对判决、裁定及其他生效法律文书执行错误，造成损害的，赔偿请求人要求赔偿的程序，适用本法刑事赔偿程序的规定。"

（267）行政赔偿的构成要件是什么？

行政赔偿的构成要件由行政主体、行政违法行为、损害后果和因果关系组成。行政主体，就是作出具体行政行为的行政机关。行政违法行为，是指行政机关工作人员损害行政相关对人合法权益的违法执行公务行为。损害后果，是指行政机关工作人员违法执行公务的行为对行政相对人的合法权益造成的损害后果。因果关系是指行政相对人的损害结果与行政机关工作人员执行职务的行为之间存在法律上的因果关系。

二、行政赔偿的权利主体

【案例 90】

环保局在一工业园区内进行执法检查，发现污水中氰化物含量超标。经排查，目标锁定在两个化工厂 A 厂与 B 厂。通过对两个企业的污水进行检测，发现两个厂内的污水均存在氰化物超标的现象。环保局分别对两个企业进行了罚款处罚。三周后，环保局再次对该工业区的污水监测，发现仍然有氰化物超标的现象，于是对 A 厂与 B 厂启动了按日连续处罚程序。A 厂老板拿到 200 余万元的罚单时，突发脑溢血，送医院急救。经医院抢救，虽无生命危险，但确认已脑死亡。其妻刘某认为环保局在没有确切证据的情况下对 A 企业作出的处罚决定无事实依据，向上级环保部门提出了行政复议申请，同时要求赔偿丈夫的含医药费的各项损失 100 余万元。

【解答与分析】

（268）如何确定行政赔偿的权利主体？

行政赔偿中的权利主体是指，因国家机关工作人员执行公务过程中人身受到损害的公民，或者财产受到损害的公民、法人、其他组织。《国家赔偿法》第六条规定："受害的公民、法人和其他组织有权要求赔偿。受害的公民死亡，其继承人和其他有扶养关系的亲属有权要求赔偿。受害的法人或者其他组织终止的，其权利承受人有权要求赔偿。"另外需要指出两点：一、受害公民丧失行为能力时，应当由其监护人要求赔偿；二、受害公民死亡的，应当由其全部继承人提出赔偿请求。

（269）权利主体应当如何提出赔偿请求？

权利主体单独就赔偿事项提起行政复议或行政诉讼时，应当先向赔偿义务机关提出赔偿请求；义务机关不予赔偿，或者权利主体对赔偿数额有异议时，才能提起行政复议或行政诉讼。当然，权利主体也可以在就行政机关工作人员侵害其合法权益的具体行政行为提起行政复议或行政诉讼的同时，一并提起赔偿请求。《国家赔偿法》第九条第二款规定："赔偿请求人要求赔偿应当先向赔偿义务机关提出，也可以在申请行政复议和提起行政诉讼时一并提出。"

（270）权利主体应当以什么方式提出赔偿请求？

权利主体先向行政机关提出赔偿要求的，应当以书面形式提出，特殊情况下也可以通过口头形式提出。《国家赔偿法》第十二条规定："要求赔偿应当递交申请书，申请书应当载明下列事项：（一）受害人的姓名、性别、年龄、工作单位和住所，法人或者其他组织的名称、住所和法定代表人或者主要负责人的姓名、职务；（二）具体的要求、事实根据和理由；（三）申请的年、月、日。赔偿请求人书写申请书确有困难的，可以委托他人代书；也可以口头申请，由赔偿义务机关记入笔录。"

行政复议或行政诉讼时一并提出的，可作为复议请求或诉讼请求之一提出。

三、行政赔偿的义务主体

【案例 91】

某化工厂因超标排放，被环保局罚款。化工厂领导商议后决定在排气管道上安装一开关装置，从而改变在线监测设备的数据。结果，被环保局发现，环保局决定对其适用强制措施，就地查封造成污染的机器设备，并扣押了一批精密仪器。在解除查封扣押决定时，该化工厂发现被扣押的一台精神仪器被损坏，电子屏无法正常显示，且有明显裂纹。经查，环保局发现其工作人员刘某在搬运仪器过程中撞到了墙壁，导致机器坏损。化工厂向环保局提出了赔偿请求，要求赔偿其因此受到的经济损失。

【解答与分析】

（271）如何确定行政赔偿的义务主体？

《国家赔偿法》第七条规定："行政机关及其工作人员行使行政职权侵犯公民、法人和其他组织的合法权益造成损害的，该行政机关为赔偿义务机关。两个以上行政机关共同行使行政职权时侵犯公民、法人和其他组织的合法权益造成损害的，共同行使行政职权的行政机关为共同赔偿义务机关。法律、法规授权的组织在行使授予的行政权力时侵犯公民、法人和其他组织的合法权益造成损害的，被授权的组织为赔偿义务机关。受行政机关委托的组织或者个人在行使受委托的行政权力时侵犯公民、法人和其他组织的合法权益造成损害的，委托的行政机关为赔偿义务机关。赔偿义务机关被撤销的，继续行使其职权的行政机关为赔偿义务机关；没有继续行使其职权的行政机关的，撤销该赔偿义务机关的行政机关为赔偿义务机关。"

第八条规定："经复议机关复议的，最初造成侵权行为的行政机关为赔偿义务机关，但复议机关的复议决定加重损害的，复议机关对加重的部分履行赔偿义务。"

（272）赔偿义务机关应当如何应对权利人提出的赔偿请求？

赔偿义务机关应当从国家赔偿的四个构成要件上审查其提出的赔偿请求是否合法、合理。提出的请求的主体是否合法，请求指向的义务机关是否正确。同时，应重点核实以下三点内容：

（一）侵权行为是国家机关工作人员在履行职务过程中实施的，与履行职务无关的行为是其个人行为，国家不承担赔偿责任。

（二）行政相对人受到人身或财产损失，且其受到损害的权益是受到法律保护的合法权益，且必须是因国家机关工作人员不正当履行职务的行为直接造成的损失，间接损失不在国家赔偿的范围内。

（三）侵权行为与损害结果之间存在法律上的因果关系，因受害人的故意或过失造成的损害，或者损失的扩大，不在国家赔偿范围之内。除了上述工作外，赔偿义务机关还应当为自己的主张提交证据。

（273）行政机关进行赔偿后，是否应当追究责任人的责任？

行政赔偿是因行政违法行为而起的，也就是行政机关工作人员不正当的履行职权的行为。因其代表国家行使职权，赔偿义务机关是国家。但是，实质是工作人员的执法不当。《国家赔偿法》第十六条规定："赔偿义务机关赔偿损失后，应当责令有故意或者重大过失的工作人员或者受委托的组织或者个人承担部分或者全部赔偿费用。对有故意或者重大过失的责任人员，有关机关应当依法给予处分；构成犯罪的，应当依法追究刑事责任。"

四、行政赔偿的范围

【案例 92】

王某承包了本村一水塘养鱼。为了生活方便，一家人就住在了水塘旁边。为了吃水方便，自己请人在房子旁边打了一口水井。不久，在王家旁边建起了一家化工厂。十几年后，王家的两个女儿先后查出了白血病。经人提醒，王某请人对自家的水井水质进行了检测，发现水中苯含量严重超标。而苯是引发白血病的诱因。王某一纸诉状将当地环保局告上法庭，称其审查不严，导致王家旁边的化工厂环评通过审批，造成了现在两个女儿得病事实。请求法院依法判决被告赔偿原告各项经济损失 200 余万元。

【解答与分析】

（274）哪些情形下赔偿权利人可以提出行政赔偿的要求？

《国家赔偿法》第三条规定，行政机关及其工作人员在行使行政职权时有下列侵犯人身权情形之一的，受害人有取得赔偿的权利：

（一）违法拘留或者违法采取限制公民人身自由的行政强制措施的；

（二）非法拘禁或者以其他方法非法剥夺公民人身自由的；

（三）以殴打、虐待等行为或者唆使、放纵他人以殴打、虐待等行为造成公民身体伤害或者死亡的；

（四）违法使用武器、警械造成公民身体伤害或者死亡的；

（五）造成公民身体伤害或者死亡的其他违法行为。

第四条规定，行政机关及其工作人员在行使行政职权时有下列侵犯财产权情形之一的，受害人有取得赔偿的权利：

（一）违法实施罚款、吊销许可证和执照、责令停产停业、没收财物等行政处罚的；

（二）违法对财产采取查封、扣押、冻结等行政强制措施的；

（三）违法征收、征用财产的；

（四）造成财产损害的其他违法行为。

根据上述规定，国家行政机关工作人员违法行使职权，侵害公民人身权利，公民、法人或其他组织财产权利时，可以提出行政赔偿。

（275）如何理解法律规定中规定的“其他”情形？

行政赔偿法律中规定的“其他”情形，应当理解为其他直接侵害公民人身权利或者公民、法人、其他组织财产权益的情形。从法律规定可以看出，因国家机关工作人员非法执行公务所造成公民合法权益的损害范围仅限于直接损失。也就是说，无论是人身损害还是财产损害，行政赔偿的范围仅限于该执行职务的行为直接造成的损害。因这一行为间接造成的损害，国家不承担赔偿责任。简而言之，行政赔偿并不是赔偿行政相对人的全部损失，只限于“直接损失”的范围。

（276）什么情况下国家不承担赔偿责任？

行政赔偿中，国家其实是不存在免责情形的。只要符合行政赔偿的构成要件的，国家都要承担赔偿责任。审查一个案件，行政机关是否应当承担赔偿责任，要看具体案件是否符合行政赔偿的四个构成要件。《国家赔偿法》第五条规定：“属于下列情形之一的，国家不承担赔偿责任：（一）行政机关工作人员与行使职权无关的个人行为；（二）因公民、法人和其他组织自己的行为致使损害发生的；（三）法律规定的其他情形。”从上述规定可以看出，法定的情形也是因为不符合行政赔偿的构成要件而被排除。

第四节　行政强制执行

一、行政强制执行概述

【案例93】

市环保局环境监察支队在对某公司检查中，发现该企业涉嫌存在擅自闲置大气污染治理设施等环境违法行为，对该企业处以5万元行政处罚，并且依据《行政处罚法》的规定对该企业执行相关告知程序。在法定时限内，该企业当事人既未申请行政复议，也未向人民法院提起诉讼，并拒不履行相关行政处罚决定。市环保局在催告期满后，及时向人民法院提出强制执行申请，要求当事人依法履行处罚决定。经法院强制执行，该企业现已缴纳了罚款本金和加处罚款总计10万元。

【解答与分析】

(277)什么是行政强制执行?

行政强制执行,是指公民、法人或其他组织拒不履行行政法上的义务,行政机关或人民法院依法采取强制措施,迫使其履行义务的具体行政行为。强制执行的执行机关是具有行政强制执行权的行政机关或人民法院,前提是行政相对人在自动履行期限内未自动履行义务。

(278)行政强制执行有什么特征?

(一)行政强制执行以行政主体和法院为执行主体。

(二)行政强制执行以已生效的具体行政行为所确定的义务为执行内容。

(三)强制执行的目的在于迫使相对人履行义务或用代执行等方式达到与履行义务相同之状态,最终确保行政法上秩序的实现。

(四)在执行条件上,行政强制执行必须以相对人逾期不履行已经生效的具体行政行为所确定的义务为前提。

(279)行政强制执行的方式有哪些?

行政强制执行包括具有行政强制执行权的行政机关行政强制执行和人民法院行政强制执行。根据《行政强制法》第十二条的规定,行政强制执行包括以下方式:

(一)加处罚款或者滞纳金;

(二)划拨存款、汇款;

(三)拍卖或者依法处理查封、扣押的场所、设施或者财物;

(四)排除妨碍、恢复原状;

(五)代履行;

(六)其他强制执行方式。

二、行政机关的强制执行权

【案例 94】

某化工厂通过环境保护行政主管机关批准环境保护影响评价文件后开工建设。建设完成后，依法向主管机关申请进行试生产。通过审批后，该企业为顺利通过试生产，通过环境保护竣工验收，在厂房两侧打了两口渗井，将生产或冲洗车间产生的废水直接排入渗井内进行渗透。后经人举报，环保部门进行现场检查，发现了两口渗井。经过检测，发现渗井周边土壤中的有毒物质严重超标，需要进行人工恢复。环保部门责令化工厂七日内开始对受污染土壤的修复工作，并在一个月内将有关土壤修复的方案及计划报环保部门。化工厂拒不履行土壤修复义务。经多次催告，化工厂既不提起权利救济程序，也不履行土壤修复义务。三个月后，环保部门再次向化工厂下达催告书，要求其三日内开始土壤修复工作；如拒不执行，环保部门可以代履行，产生的费用由企业承担。三日后，环保部门委托某环境科技公司对受污染土壤的受损情况进行了检测，并委托其进行修复，产生费用 100 余万元。

【解答与分析】

(280) 哪些行政机关具有行政强制执行权?

行政强制执行由法律设定。法律没有规定行政机关强制执行的，作出行政决定的行政机关应当申请人民法院强制执行。授权哪些机关行使执行权，各国的规定有较大差异。我国法律目前尚无统一规定，许多法律、法规规定行政机关在行政处罚决定难以执行时向法院申请执行，还有一些法律、法规规定由行政机关自己执行。而且行政机关的行政强制执行权是有限的，除了加处罚款的强制执行权外，处理查封扣押物品、冻结划拨款项等其他强制执行权必须要有法律规定。根据目前法律的规定，只有公安、海关、税务三个行政部门有上述行政强制执行权。

（281）环保部门有哪些行政强制执行方式？

依据《行政强制法》第十二条的规定，目前环保部门的行政强制执行方式仅限于两项：一是加处罚款或者滞纳金；二是代履行。

加处罚款或者滞纳金，是在行政机关依法作出金钱给付义务的行政决定后、当事人逾期不履行时适用的。代履行是指，行政机关依法作出要求当事人履行排除妨碍、恢复原状等义务的行政决定后，当事人逾期不履行，经催告仍不履行，其后果已经或者将危害交通安全、造成环境污染或者破坏自然资源的，行政机关自己或委托没有利害关系的第三人履行，产生的费用由当事人承担。

虽然行政强制法将加处罚款或者滞纳金和代履行列入了强制执行方式中，但从实质上来说，它们并不是真正的强制执行手段，或者说是不完整的强制执行手段。无论是加处的罚款或滞纳金，还是代履行产生的费用，要实现执行的意义，最终还是依赖于当事人的自动履行。如果其仍然拒绝支付，对于没有强制划拨财产权利的行政机关，例如环保部门，还是要依靠法院强制执行。同时，提示环保部门，慎用代履行这一强制执行方式，以免承担不必要的赔偿责任。

（282）对于行政强制执行有哪些程序性规定？

具有行政强制执行权的行政机关在行政强制执行时必须依照法定的程序：

（一）行政机关作出强制执行决定前，应当事先催告当事人履行义务。催告应当以书面形式作出，并载明下列事项：①履行义务的期限；②履行义务的方式；③涉及金钱给付的，应当有明确的金额和给付方式；④当事人依法享有的陈述权和申辩权。

（二）行政机关应充分保障当事人陈述和申辩权。行政机关应当充分听取当事人的意见，对当事人提出的事实、理由和证据，应当进行记录、复核。

当事人提出的事实、理由或者证据成立的，行政机关应当采纳。

（三）经催告，当事人逾期仍不履行行政决定，且无正当理由的，行政机关可以作出强制执行决定。强制执行决定应当以书面形式作出，并载明下列事项：①当事人的姓名或者名称、地址；②强制执行的理由和依据；③强制执行的方式和时间；④申请行政复议或者提起行政诉讼的途径和期限；⑤行政机关的名称、印章和日期。在催告期间，对有证据证明有转移或者隐匿财物迹象的，行政机关可以作出立即强制执行决定。

（四）催告书、行政强制执行决定书应当直接送达当事人。当事人拒绝接收或者无法直接送达当事人的，应当依照《民事诉讼法》的有关规定送达。

三、向法院申请强制执行

【案例 95】

县环保局接到群众举报，发现城西干涸的旧水道内有污水流出。经工作人员反复排查，锁定了一家大型造纸企业。次日，环保局工作人员到该厂区内进行现场检查，发现该厂现有的污染防治设备都没有运行，生产产生的污水直接从厂区内一暗沟流入城西的旧水道内。执法人员当场对该厂下达了《责令改正违法行为通过书》，责令该厂立即停止违法行为；并且按照法律规定的程序下达了《行政处罚决定书》，对该厂罚款 10 万元。之后，该造纸企业虽然停止了非法排污行为，却一直拒绝缴纳罚款。在法定期限内，该企业也没有申请行政复议与行政诉讼。环保局多次去厂内催交罚款，其工作人员都以领导不在为由相互推脱。在罚款决定送达造纸厂六个月后，环保局向该企业下达了正式的催告书。因无人签收，环保局请附近其他企业两位领导作为见证人，进行了留置送达。十天后，造纸企业仍然没有缴纳罚款。环保局依法整理材料，向当地人民法院申请强制执行。

【解答与分析】

（283）什么情况下可以向法院提起强制执行？

《行政强制法》第五十三条规定：“当事人在法定期限内不申请行政复议或者提起行政诉讼，又不履行行政决定的，没有行政强制执行权的行政机关可以自期限届满之日起三个月内，依照本章规定申请人民法院强制执行。”可见，申请法院强制执行的条件有三：法定期限已过；当事人不申请行政复议或者提起行政诉讼；不自动履行行政决定。只有三个条件同时具备，才可以向法院申请强制执行。申请人必须是当初作出具体行政行为的没有强制执行权的行政机关；被申请人是行政机关具体行政行为所针对的行政相对人。

（284）什么时间向法院申请强制执行？

《行政复议法》第九条第一款规定：“公民、法人或者其他组织认为具体行政行为侵犯其合法权益的，可以自知道该具体行政行为之日起六十日内提出行政复议申请；但是法律规定的申请期限超过六十日的除外。”《行政诉讼法》第四十六条第一款规定：“公民、法人或者其他组织直接向人民法院提起诉讼的，应当自知道或者应当知道作出行政行为之日起六个月内提出。法律另有规定的除外。”结合《行政强制法》第五十三条的规定，当事人在法定期限内既不申请行政复议又不提起行政诉讼的，申请人应当自行政处罚决定书送达之日起满六个月后的三个月内向法院申请强制执行。

同时，《行政强制法》第五十四条规定：“行政机关申请人民法院强制执行前，应当催告当事人履行义务。催告书送达十日后当事人仍未履行义务的，行政机关可以向所在地有管辖权的人民法院申请强制执行；执行对象是不动产的，向不动产所在地有管辖权的人民法院申请强制执行。”依据上述规定，行政机关申请强制执行前，有催告义务，且行政相对人有十日的自动履行期。也就是说，行政机关最晚应当在向法院申请强制执行期限届满前 10 日内进行催告。而在现实中，行政相对人收到催告书后可能会提出一些理由或证据，可能需要行政机关进行核实。所以，对于需要强制执行的案件，建议行政机关提早进入程序，以免日后因为超过法定时效而丧失申请强制执行的权利。

（285）**向法院申请强制执行需要准备哪些材料？**

《行政强制法》第五十五条规定："行政机关向人民法院申请强制执行，应当提供下列材料：（一）强制执行申请书；（二）行政决定书及作出决定的事实、理由和依据；（三）当事人的意见及行政机关催告情况；（四）申请强制执行标的情况；（五）法律、行政法规规定的其他材料。"行政机关申请强制执行，需要向法院提供的材料就是当初作出具体行政行为的卷宗。这些材料主要是为了证明申请强制执行的具体行政行为的合法性和具有可执行内容。

四、执行过程中的问题处理

【案例96】

某公司为县重点排污单位，因环境信息公开不完整，被当地环保部门罚款十万元。公司不服，以处罚过重为由向当地人民法院提起行政诉讼。法院经过审理，认为环保部门处罚事实清楚、证据确凿，适用法律正确，符合法定程序，依法驳回了公司的诉讼请求。公司在法定期限内没有提起上诉，也未按上缴罚款。经环保部门催告后，公司仍拒不履行交纳罚款的义务。当地环保部门遂向人民法院申请强制执行。一周后，公司主动到环保部门协商，要求适当降低罚款数额，企业愿缴纳罚款。

【解答与分析】

（286）**可以申请强制执行复议或诉讼确认合法的行政决定吗？**

《行政强制法》第五十三条规定："当事人在法定期限内不申请行政复议或者提起行政诉讼，又不履行行政决定的，没有行政强制执行权的行政机关可以自期限届满之日起三个月内，依照本章规定申请人民法院强制执行。”上述规定虽然没有把经过复议或诉讼确认合法的行政决定的执行包含在内，但是其他法律中作了相关规定。

《关于人民法院执行工作若干问题的规定（试行）》中规定，执行机构负责执行下列生效法律文书：

（一）人民法院民事、行政判决、裁定、调解书，民事制裁决定、支付令，以及刑事附带民事判决、裁定、调解书；

（二）依法应由人民法院执行的行政处罚决定、行政处理决定；

（三）我国仲裁机构作出的仲裁裁决和调解书；人民法院依据《仲裁法》有关规定作出的财产保全和证据保全裁定；

（四）公证机关依法赋予强制执行效力的关于追偿债款、物品的债权文书；

（五）经人民法院裁定承认其效力的外国法院作出的判决、裁定，以及国外仲裁机构作出的仲裁裁决；

（六）法律规定由人民法院执行的其他法律文书。

《行政复议法》第三十三条规定，申请人逾期不起诉又不履行行政复议决定的，或者不履行最终裁决的行政复议决定的，按照下列规定分别处理：

（一）维持具体行政行为的行政复议决定，由作出具体行政行为的行政机关依法强制执行，或者申请人民法院强制执行；

（二）变更具体行政行为的行政复议决定，由行政复议机关依法强制执行，或者申请人民法院强制执行。

依据上述规定，经行政复议确认合法的具体行政行为，当事人不自动履行，没有强制执行权的行政机关可以向法院申请强制执行“法律规定由人民法院执行的其他法律文书”；经行政诉讼确认合法的具体行政行为，当事人不自动履行的，行政机关可以申请法院强制执行生效的行政判决。

（287）申请强制执行过程中环保部门可否接受调解或与当事人和解？

《行政诉讼法》第六十条规定：“人民法院审理行政案件，不适用调解。

但是，行政赔偿、补偿以及行政机关行使法律、法规规定的自由裁量权的案件可以调解。”这一原则理应在行政机关申请法院强制执行的案件中得到贯彻执行。因此，对于符合调解条件的案件，申请强制执行的环保部门可以接受法院的调解。

如果申请执行的环保部门与当事人和解，也应当在行政“自由裁量权”的范围内进行，并得到法院的确认。鉴于环境部门与当事人和解时对结果难以把握，可能还会产后不必要的渎职嫌疑，河北马倍战律师事务所建议环保部门谨慎适用。

（288）行政强制执行应当注意哪些事项？

行政强制执行注意的事项有：

（一）实施行政强制执行，行政机关可以在不损害公共利益和他人合法权益的情况下，与当事人达成执行协议。执行协议可以约定分阶段履行；当事人采取补救措施的，可以减免加处的罚款或者滞纳金。执行协议应当履行。当事人不履行执行协议的，行政机关应当恢复强制执行。

（二）行政机关不得在夜间或者法定节假日实施行政强制执行。但是，情况紧急的除外。行政机关不得对居民生活采取停止供水、供电、供热、供燃气等方式迫使当事人履行相关行政决定。

（三）对违法的建筑物、构筑物、设施等需要强制拆除的，应当由行政机关予以公告，限期当事人自行拆除。当事人在法定期限内不申请行政复议或者提起行政诉讼，又不拆除的，行政机关可以依法强制拆除。

第七章　环境渎职风险

第一节　一般环境渎职行为

一、环境渎职的概念和表现

【案例 97】

2015 年 3 月，环保部督查中心对某市部分大气污染物排放企业和区域环境空气状况进行了明察暗访，检查发现该市部分企业存在未批先建、批建不符、久试不验、偷排漏排、超标排放和在线监测设施运行不规范等环境违法行为，区域环境污染问题较为严重，遂对该市主要领导进行了约谈。

市长被约谈后回来途中，在轿车中发现路边的一片地里浓烟滚滚，似在焚烧秸秆，就责成身边的人去调查。

经查，焚烧秸秆的行为发生在某县境内，而该县的禁止焚烧秸秆工作由县环保局主抓，县监察局以环保工作渎职为由给予县环保局局长行政记过处分。

【解答与分析】

（289）**什么是渎职和环境渎职？**

渎职是负有某种法定或约定职责的人员未能尽到职责，或在执行职责时犯了严重过失；尤指国家机关工作人员在履行职责或者行使职权过程中，玩忽职守、滥用职权或者徇私舞弊，导致伤害或损失，致使国家财产、国家和人民利益遭受重大损失的行为。

环境渎职，是指负有环境保护监督管理职责的国家机关工作人员不负责任，导致发生环境污染事故，致使公私财产遭受损失或者造成人身伤亡等后果的行为。

（290）渎职有哪些具体表现形式？

渎职是指国家机关工作人员滥用国家赋予的职权或者不履行、不认真履行自己的职权，致使公共财产、国家和人民利益遭受损失，破坏国家机关正常活动的行为。国家机关工作人员的渎职行为危害极大，不仅仅表现在会给国家和人民的利益造成损失，而且损害了国家机关及其工作人员在人民群众中的形象，妨害了国家机关正常的工作和管理秩序，主要包括滥用职权、玩忽职守、环境监管失职、泄露国家秘密、徇私枉法、放纵走私等行为。对于环保部门工作人员来说，主要涉及前三种行为。

（291）常见的环境渎职行为有哪些？

《环境保护法》第六十八条概括了环境渎职行为的类型：

（一）不符合行政许可条件准予行政许可的；

（二）对环境违法行为进行包庇的；

（三）依法应当作出责令停业、关闭的决定而未作出的；

（四）对超标排放污染物、采用逃避监管的方式排放污染物、造成环境事故以及不落实生态保护措施造成生态破坏等行为，发现或者接到举报未及时查处的；

（五）违反本法规定，查封、扣押企业事业单位和其他生产经营者的设施、设备的；

（六）篡改、伪造或者指使篡改、伪造监测数据的；

（七）应当依法公开环境信息而未公开的；

（八）将征收的排污费截留、挤占或者挪作他用的；

（九）法律法规规定的其他违法行为。

二、不作为的环境渎职

【案例 98】

李某担任县环保局局长一个月后，就被市纪检委找上门来。原来，县高速公路的北侧有一个不小于 500 亩的巨型水坑，坑水显赤黑色，散发着刺鼻的臭味。环保组织法树信息咨询中心通过调查了解到，几个社会青年自称花钱购买了该水坑，让一些不法企业往里面排放污水。如果水坑周围的居民向有关部门投诉，自称拥有水坑的人就花钱把事情摆平。为了减少水坑给本县带来的负面影响，县里偷偷派人建了一个“雨水收集工程”的牌坊。据说，水坑周围两个自然村的多名村民一直向上级部门反映地下水受到影响，但始终没有得到解决，水坑中的水不但没有减少，反而有所增多。夏天天热的时候，有几个儿童到水坑戏水，其中一个儿童溺水身亡。

【解答与分析】

（292）县域境内长期存在大面积渗坑属于渎职吗？

不作为渎职的成立在客观上必须具备以下条件：

（一）行为人具有某种特定义务；

（二）行为人能够履行特定义务；

（三）行为人不履行特定义务，造成或者可能造成危害结果。

行政机关的义务主要来源于法律规定。控制本行政区域内的污染源和污染物，显然属于县环保部门的义务。水坑中含有大量污染物，控制和消除污染源和污染物属于环保部门义不容辞的责任。这成就了环保部门渎职的第（一）个条件。

控制和消除水坑的工作可能涉及很多利益关系，但在技术上并非不能做到的。也就是说，环保部门是能够履行该项义务的。因此，本案也符合构成渎职的第（二）个条件。

最后，水坑已经造成了影响周围村民饮用水的危害结果。即使这个结果没有出现，也会可能造成一定的危害结果。因此，本案也符合构成渎职的第（三）个条件，县域境内长期存在大面积渗坑无疑属于渎职的范畴。

（293）有人掉进渗坑溺亡应当按不作为渎职犯罪处理吗？

任何一种犯罪的成立都必须具备四个方面的构成要件，即犯罪主体、犯罪主观方面、犯罪客体、犯罪客观方面。而犯罪客观方面的主要内容又包括危害行为、危害结果、刑法上的因果关系、犯罪时间、地点和方法等内容。

在有人掉进渗坑溺水而亡的情况下，因其死亡原因是溺水窒息死亡，而非因为环境污染而死亡。也即，环保部门的渎职行为与危害结果之间没有刑法上的因果关系。

因此，有人掉进渗坑溺水而亡不构成不作为渎职犯罪，但是，如果负有环境保护监管职责的国家机关工作人员确实存在工作上的不作为，应当承担其他行政责任。

（294）对重大环境违法问题不报告按不作为渎职处理吗？

某大型项目没有报批环评就投入生产；某重点排污单位长期没有依法公开环境信息；县域内一半以上的企业没有排污许可证而生产；多处渗坑存在于本县境内；某重点制药企业长期排放恶臭扰民。这些都属于重点环境问题。

关于对上述问题隐瞒不报的法律认定，环境保护部 2015 年 3 月印发的《2015 年全国环境监察工作要点》明确规定：对重大环境违法问题该发现而没有发现、发现问题而不报告或者不处理的，按失职渎职严肃问责查处。

三、乱作为的环境渎职

【案例 99】

2013 年 12 月 9 日，市民李某持手机通话录音，向区纪委实名举报区环保局局长陈某违纪。电话录音显示，陈某在与人谈如何利用手中职权来敲诈勒索辖区企业，称“分分钟可以搞垮一间厂”。2014 年 1 月 6 日，区检察院以陈某涉嫌滥用职权罪、受贿罪立案侦查。1 月 7 日，陈某被刑事拘留。2014 年 7 月 11 日，陈某涉嫌滥用职权、受贿罪一案在区法院一审开庭审理。

法院审理查明，2011 年 7 月，区环保局接到投诉后，对一家无牌无证电镀作坊进行环保执法，查扣了该作坊的一批化工废液以及铜板、电镀挂件等贵金属物品。作为区环保局局长的陈某在没有出具任何法律手续的情况下，指使某化工贸易公司法定代表人张某将扣押的物品变卖，事后没有将变卖所得款项退给被扣厂方。

2014 年 8 月 4 日，陈某涉嫌滥用职权、受贿罪一案一审宣判，陈某犯滥用职权罪和受贿罪，获刑十年半。

【解答与分析】

(295) 违法查封、扣押排污单位的生产设施属于乱作为渎职吗?

《环境保护法》第六十八条规定，地方各级人民政府、县级以上人民政府环境保护主管部门和其他负有环境保护监督管理职责的部门“违反本法规定”，有“查封、扣押企业事业单位和其他生产经营者的设施、设备”等行为之一的，对直接负责的主管人员和其他直接责任人员给予记过、记大过或者降级处分；造成严重后果的，给予撤职或者开除处分。

因此，环境保护主管部门违反法律规定，对企业事业单位和其他生产经营者采取查封、扣押行政强制措施构成乱作为的渎职。

（296）变卖或者损毁企业的财产属于乱作为渎职吗？

《环境保护违法违纪行为处分暂行规定》第九条规定，国家行政机关及其工作人员有“擅自使用、调换、变卖或者毁损被依法查封、扣押的财物”等行为之一的，对直接责任人员，给予警告、记过或者记大过处分；情节较重的，给予降级或者撤职处分；情节严重的，给予开除处分。

因此，环境保护主管部门中的国家机关工作人员，违法擅自变卖被依法查封、扣押的财物的，构成乱作为的渎职。

（297）不依法对排污单位实施停业、关闭属于乱作为渎职吗？

《环境保护法》第六十条规定，企业事业单位和其他生产经营者超过污染物排放标准或者超过重点污染物排放总量控制指标排放污染物的，县级以上人民政府环境保护主管部门可以责令其采取限制生产、停产整治等措施；情节严重的，报经有批准权的人民政府批准，责令停业、关闭。《环境保护主管部门实施限制生产、停产整治办法》第八条规定了排污单位停业、关闭的具体适用情形。如果环保部门在排污单位不符合停业、关闭的情况下实施该行政行为，则属于乱作为的渎职；如果排污单位符合适用停业、关闭的情形而环保部门不予实施停业、关闭，则属于涉嫌不作为的渎职。

四、环境渎职的发生机制

【案例 100】

2013 年 2 月 24 日，中办督查调研组根据群众举报，在某化工公司厂区内车间西门南、北两侧各发现一个深约 6 ~ 7 m 的渗井。经现场取样发现，井壁外泥土以及浅层和深层泥土中均含有邻苯二甲酸二丁酯。随后，县环保局责令化工公司对受到污染的土壤进行了修复，实际花费修复费用 86 万元。中央级新闻媒体对此进行了报道。

人民检察院根据新闻线索介入了调查。人民检察院经调查发现，涉案的两眼渗井形成于建设项目试生产期间，排污行为也发生在项目试生产期间。人民检察院经调查还发现，该建设项目试生产期间的监管工作属于审批项目环评的市环保局，但市环保局在项目批复文件中注明将该项目交由县环保局监管。检察院以此确认，县环保局负有对该项目的监管职责，应当对企业造成的环境后果承担责任。

2013 年 7 月 23 日，县人民检察院以玩忽职守罪对 3 名环境监察队长采取了刑事强制措施。河北马倍战律师事务所为 3 名被告人辩护，法院一审判决 3 名被告人无罪。

【解答与分析】

（298）环保部门及人员的职责根据什么确定？

环保部门的总体职责由法律规定，如《环境保护法》《水污染防治法》《大气污染防治法》《核污染防治法》《医疗废物管理条例》，一些法律法规对环保部门与其他部门的职责作了区分，如《海洋环境保护法》《环境噪声污染防治法》等。

某个环保部门的职责由本机关的“三定规定”确定。本机关的“三定规定”确定了本机关的职责调整、主要职责、内设机构和人员编制等。

环保部门某个人员的职责由其所在的岗位、所担任的职务确定，所在的内设部门不同职责不同，所担任的职务不同职责也不同。

（299）上级环保部门交办的事项是否属于自身职责范围？

上级环保部门交给下级环保部门办理的事项大体分为三类：

（一）行政委托类事项。如委托项目所在地的环保部门实施行政审批和监管。这类委托应当有书面的委托文书，所产生的法律后果当然由委托的环保部门负责。

（二）临时委托类事项。如委托向受托人当地的当事人送达法律文书，委托在受托人当地召开论证会。这类委托一般没有书面委托，但其法律后果一样由委托的环保部门负责。

（三）要求参与类事项。如被上级环保部门抽调人员参与竣工验收、技术论证等。这类事项一般不属于行政事项，大部分属于技术工作，其法律后果也应当由组织方负责。

（300）渎职行为的发生机制是什么？

环境渎职行为包括“不作为”和“乱作为”两类。成立“不作为”在客观上必须具备以下条件：①行为人具有某种特定的义务；②行为人能够履行特定义务；③行为人不履行特定义务，造成或者可能造成危害结果。成立“乱作为”在客观上必须具备的条件是：①行为人具有某种特定的义务；②行为人超越职权履行职务；③造成或可能造成危害后果。渎职行为的种类不同，其发生的机制也不相同。

环境渎职行为的发生机制可以用下图表示。字体加黑的部分表示，如果正确履行职务，就不会发生渎职；带删除线的部分表示，如果不作为就会导致玩忽职守的渎职，如果乱作为就会导致滥用职权的渎职。

~~【不作为（放任不管）】→【导致玩忽职守】~~

【属于自身职责范围】→　【正确履行职务】→【不会发生渎职】

~~【乱作为（超越职权）】→【导致滥用职权】~~

第二节　环境渎职犯罪行为

一、环境渎职犯罪的概念

【案例 101】

省环境保护厅规划财务处原副处长李某在担任污染控制处副处长期间，负责排污许可证的审核与发放，在明知某企业已被政府明文关停的情况下，仍违规为其办理排污许可证，致使相关企业得以正常生产，并骗取淘汰落后产能奖励资金297万元，给国家造成重大经济损失；2003年至2013年，在担任环保厅污染控制处工作人员、副处长、规划财务处副处长期间，利用职务之便，在水污染治理核查、排污许可证审核发放等方面为他人谋取利益，多次收受他人贿送钱款，共计51.6万元。2013年11月，人民法院以受贿罪判处李某有期徒刑10年；以滥用职权罪，判处有期徒刑3年，决定执行有期徒刑10年6个月。

【解答与分析】

（301）什么是渎职犯罪？

渎职犯罪，也称渎职罪，指国家机关工作人员滥用职权或者不履行、不认真履行职权，致使公共财产、国家和人民利益遭受损失，破坏国家机关正常活动的行为。

渎职犯罪不是一个独立的罪名，而是一类犯罪的总称。《刑法》第九章对此类犯罪专门作了规定，具体列举了30余种渎职犯罪行为，最常见的两种是滥用职权罪和玩忽职守罪。这也是与环保行政机关工作人员关系最为密切的两种犯罪。

（302）渎职犯罪的犯罪构成是什么？

（一）渎职罪的主体是国家机关工作人员。

国家机关工作人员是指在各级各类国家机关中从事公务的人员，包括在各级国家立法机关、行政机关、司法机关、军事机关中从事公务的人员，以及中国共产党和中国人民政治协商会议的各级机关中从事公务的人员。具体到环保系统，既包括公务员身份的工作人员，也包括非公务人员身份的工作人员；既包括机关内部处、室、科的工作人员，也包括监察大队、监察支队、监察局的工作人员。

（二）渎职罪在主观方面一般出于过失，少数犯罪也可以出于故意。

（三）渎职罪在客观方面表现为国家机关工作人员滥用职权、玩忽职守或者徇私舞弊，不履行应当履行的职责，严重妨害国家机关的正常管理活动，损害公民对国家机关管理活动的合法性、公正性和有效性的信赖，致使国家和人民利益遭受严重损失的行为。

（四）渎职罪侵犯的客体是国家机关的正常管理活动。

（303）渎职犯罪和行政渎职是什么关系？

行政渎职和渎职犯罪的犯罪主体和涉及的违法行为是相同的，但造成的后果不一样，立案标准也不相同。当行政渎职达到了犯罪标准，就构成渎职犯罪。

比如，因存在失职行为的建设项目竣工验收造成的损失不足30万元，属于行政渎职，对有关责任人员应当给予行政处分；造成的损失达到30万元，则构成渎职犯罪，对有关责任人员应当依照《刑法》规定追究刑事责任。

二、环境渎职犯罪的主体

【案例102】

8月12日，天津港爆炸事故已过去15天，虽然现场部分监测点仍能检测出氰化物，但搜救人员依旧坚守在现场，一寸一尺地进行排查。随着这几日的清理搜寻，更多遇难者遗体在集装箱和废墟中被找到，确认的遇难人数，也逐步上升到139人。

在昨天上午的航拍画面上，清晰可见身着不同颜色服装的人员在现场作业，身穿黄色和红色防护服的工作人员在清理废墟。身穿白色防护服的国务院调查组的十几位专家和工作人员，正在现场取样。在已搜索排查过的区域，施工机械将烧毁的汽车、扭曲的集装箱及被摧毁的楼房逐步清理干净。通过爆炸后第3天和第15天相同视角的图片可以看到，随着清理和调查工作的继续，爆炸核心区残垣断壁、满地废墟的景象正逐渐消失，爆炸点积水坑原先

漆黑的污水，也渐渐变成黄色。（根据媒体报道整理）

【解答与分析】

（304）港务监督部门人员是否可能成为环境渎职犯罪主体？

环境渎职犯罪的犯罪主体为特殊主体，即负有环境保护监督管理职责的国家机关工作人员，具体是指在国务院环境保护行政主管部门、县级以上地方人民政府环境保护行政主管部门从事环境保护工作的人员，以及在国家海洋行政主管部门、港务监督、渔政渔港监督、军队环境保护部门和各级公安、交通、铁路、民航管理部门中，依照有关法律的规定对环境污染防治实施监督管理的人员。此外，县级以上人民政府的土地、矿产、林业、农业、水利行政主管部门中依照有关法律的规定对资源的保护实施监督管理的人员，也可以构成本罪的主体。

（305）合同制人员会成为环境渎职犯罪的主体吗？

最高人民检察院 2000 年 10 月 9 日《关于合同制民警能否成为玩忽职守罪主体问题的批复》中规定："合同制民警在依法执行公务期间，属其他依照法律从事公务的人员，应以国家机关工作人员论；对合同制民警在依法执行公务活动中的玩忽职守行为，符合玩忽职守罪构成条件的，依法以玩忽职守罪追究刑事责任。"2002 年 12 月 28 日全国人大常委会关于我国刑法第九章渎职罪主体适用问题解释规定："在依照法律、法规规定行使国家行政管理职权的组织中从事公务的人员，或者在受国家机关委托代表国家机关行使职权的组织中从事公务的人员，在代表国家机关行使职权时，有渎职行为，构成犯罪的，依照刑法有关渎职罪的规定追究刑事责任。"可见，我国对渎职罪的主体是以"职责论"进行界定的，只要在代表国家行使职权时，就属于渎职罪的主体。此外，"甚至还包括未列入国家机关人员编制，但在国家机关中从事公务的人员，如合同制、聘用制人员等"。据此规定，环保部门"借调"或者聘用的“合同制”人员，也可以成为玩忽职守罪的犯罪主体。

（306）现行法律如何对“国家机关工作人员”认定？

现行法律对“国家机关工作人员”的范围，具体可分为四个层次：

（一）国家机关中从事公务的人员，包括在各级国家权力机关、行政机关、司法机关和军事机关中从事公务的人员，也包括在乡（镇）以上中国共产党机关、人民政协机关中从事公务的人员。

（二）依照法律、法规规定行使国家行政管理职权的组织中从事公务的人员。这些主要是指那些虽然不属于国家机关，但其是根据法律、法规的授权，行使国家行政管理职权的，该组织中从事公务的人员视为国家机关工作人员。如中国证监会、保监会等的工作人员。

（三）受国家机关委托代表国家行使职权的组织中从事公务的人员。《行政处罚法》第十八条规定：行政机关依照法律、法规或者规章的规定，可以在其法定权限内委托给符合法定条件的组织实施行政处罚。这些组织中从事公务的人员也视为国家工作人员。

（四）虽未列入国家机关人员编制，但在国家机关中从事公务的人员，在代表国家机关行使职权时，视为国家机关工作人员。这主要指那些虽不属于国家机关的正式在编人员，但由于临时借调、聘用关系而在国家机关中行使行政管理职权的人员。如环境监察大队、环保所聘用的人员，其本人虽不具有国家机关工作人员的身份，但在代表国家机关行使职权时，应视为国家机关工作人员。

三、环境渎职犯罪的类型

【案例 103】

2009 年 2 月 12 日，区环境监察局将一份关于针对某化工有限公司的群众举报件交给区环保局四分局查处。

2009 年 2 月 16 日上午，区环保局四分局局长夏某等人到化工公司董事长办公室内，告诉其有群众举报其公司外排废水后，在未到现场的情况下，伪造了1份现场检查记录。

2009年2月20日，由于该化工公司继续排放含有毒有害物质的钾盐废水，导致发生市区“2 · 20”重大污染事故，造成市生活饮用水地表水源和市区自来水供水管网严重污染，市区20余万居民生活饮用水停水66小时40分钟，造成直接经济损失543.21万元。

2009年12月20日，区人民法院判决夏某犯环境监管失职罪，判处有期徒刑两年。

【解答与分析】

（307）什么是环境监管失职罪？

《刑法》第四百零八条规定：负有环境保护监督管理职责的国家机关工作人员严重不负责任，导致发生重大环境污染事故，致使公私财产遭受重大损失或者造成人身伤亡的严重后果的，处三年以下有期徒刑或者拘役。

据此规定，环境监管失职罪是指负有环境保护监督管理职责的国家机关工作人员严重不负责任，不履行或不认真履行环境保护监管职责导致发生重大环境污染事故，致使公私财产遭受重大损失或者造成人身伤亡严重后果的行为。

不履行，是指行为人应当履行且有条件、有能力履行职责，但违背职责没有履行，其中包括擅离职守的行为。

不正确履行，是指在履行职责的过程中，违反职责规定，马虎草率大意地履行。

（308）什么是玩忽职守罪？

《刑法》第三百九十七条规定：国家机关工作人员滥用职权或者玩忽职守，致使公共财产、国家和人民利益遭受重大损失的，处三年以下有期徒刑或者拘役；情节特别严重的，处三年以上七年以下有期徒刑。本法另有规定的，依照规定。

据此规定，玩忽职守罪是指国家机关工作人员严重不负责任，不履行或不正确地履行自己的工作职责，致使公共财产、国家和人民利益受到重大损失的行为。

（309）什么是滥用职权罪？

滥用职权罪，是指国家机关工作人员违反法律规定的权限和程序，滥用职权，致使公共财产、国家和人民利益遭受重大损失的行为。滥用职权罪侵犯的客体是国家机关的正常活动。由于国家机关工作人员滥用职权，致使国家机关的某项具体工作遭到破坏，给国家、集体和人民利益造成严重损害，从而危害了国家机关的正常活动。滥用职权罪侵犯的对象是公共财产或者公民的人身及其财产。

《刑法》第三百九十七条同时规定了玩忽职守罪和滥用职权罪。

四、环境渎职犯罪的标准

【案例 104】

2010 年 6 月，时任市环保局副局长的曾某对某公司进行检查时，发现其辖区内的冶化厂长期大规模露天堆放废渣，“清污分流系统”不完善，渣场未采取“防水、防渗透、防流失”措施，废渣的渗滤液及厂区雨水镉浓度严重超标，但其仅口头提出整改意见。

2010 年 9 月，市政府批示要求涉事公司限期整改，市环保局跟踪检查，但市环保局不落实整改要求，致使整治计划至案发仍处于未验收状态。

2012 年 1 月，附近的一条河流发生重大镉污染事件，经省环保厅专家组认定：冶化厂与镉污染事件有直接因果关系，是此次突发环境事件的责任污染源之一。市人民政府直接投入防止污染事态扩大的资金达 2 300 万余元。另外，被告人曾某还利用职务之便，先后收受他人贿赂共计 45 000 元，涉嫌受贿罪。

2013年7月13日人民法院以环境监管失职罪判处被告人曾某有期徒刑2年，以受贿罪判处其有期徒刑3年，决定执行有期徒刑4年零6个月。

【解答与分析】

(310) 环境监管失职罪的立案标准是什么？

2013年6月19日施行的《关于办理环境污染刑事案件适用法律若干问题的解释》第二条规定了环境监管失职罪的立案标准：

实施刑法第三百三十九条、第四百零八条规定的行为，具有本解释第一条第（六）项至第（十三）项规定情形之一的，应当认定为“致使公私财产遭受重大损失或者严重危害人体健康”或者“致使公私财产遭受重大损失或者造成人身伤亡的严重后果”。

《关于办理环境污染刑事案件适用法律若干问题的解释》第一条第（六）项至第（十三）项的内容：

（六）致使乡镇以上集中式饮用水水源取水中断十二小时以上的；

（七）致使基本农田、防护林地、特种用途林地五亩以上，其他农用地十亩以上，其他土地二十亩以上基本功能丧失或者遭受永久性破坏的；

（八）致使森林或者其他林木死亡五十立方米以上，或者幼树死亡二千五百株以上的；

（九）致使公私财产损失三十万元以上的；

（十）致使疏散、转移群众五千人以上的；

（十一）致使三十人以上中毒的；

（十二）致使三人以上轻伤、轻度残疾或者器官组织损伤导致一般功能障碍的；

（十三）致使一人以上重伤、中度残疾或者器官组织损伤导致严重功能障碍的。

（311）玩忽职守罪和滥用职权罪的立案标准是什么？

自2013年1月9日起施行的最高人民法院、最高人民检察院《关于办理渎职刑事案件适用法律若干问题的解释（一）》第一条规定了该罪的立案追诉标准。

该条规定，国家机关工作人员滥用职权或者玩忽职守，具有下列情形之一的，应当认定为刑法第三百九十七条规定的“致使公共财产、国家和人民利益遭受重大损失”：

（一）造成死亡1人以上，或者重伤3人以上，或者轻伤9人以上，或者重伤2人、轻伤3人以上，或者重伤1人、轻伤6人以上的；

（二）造成经济损失30万元以上的；

（三）造成恶劣社会影响的；

（四）其他致使公共财产、国家和人民利益遭受重大损失的情形。

（312）司法机关对于刑法中的“造成恶劣社会影响”如何把握？

关于“造成恶劣社会影响”的标准，由于该标准是个弹性概念，自身缺乏明确具体的规定，可操作性较差，各地司法机关在适用时尺度不一。但按照通常的解释，“造成恶劣社会影响”是指国家机关工作人员在公务活动中，滥用职权，导致下列情形的出现：

（一）引起群众不满，造成较大规模的群体性的上访事件；

（二）导致流血冲突，致使一定范围内群众的生活起居受到重大影响；

（三）引起媒体和社会的广泛关注，严重损害国家机关的形象；

（四）影响到一定地区社会的稳定，致使某项重要工作无法正常运行。

第三节　对环境渎职的处理

一、环境渎职处理方式

【案例 105】

2014 年以来，位于甘肃腾格里沙漠附近的荣华工贸向腾格里沙漠腹地违规排放污水 8 万多 t，污染面积 266 亩。

2015 年 4 月，检察院以涉嫌玩忽职守犯罪对甘肃省武威市凉州区环保局副局长兼环境监察大队大队长文武立案侦查。最高检通报显示，2014 年 6 月至 2015 年 1 月 20 日，犯罪嫌疑人文武在明知荣华工贸存在未经环保部门批复进行试生产违法排污的情况下，未认真履行环境监管职责，使该公司违法向腾格里沙漠排污问题没有得到及时发现和处理，酿成环境污染违法事件，造成恶劣社会影响。5 月，又对凉州区环保局局长、宁夏中卫市环保局环境监察支队原副支队长、环评科负责人立案侦查。

腾格里沙漠污染事件被曝光后，内蒙古也启动追责，自治区环保厅、阿拉善盟、阿拉善左旗、腾格里经济开发区共 24 名相关责任人先后被问责，并受到党纪政纪处分。（根据媒体报道整理）

【解答与分析】

（313）行政处分包括哪些类型？

根据《公务员法》的规定，行政处分有六种类型，从轻到重依次为警告、记过、记大过、降级、撤职、开除。

（一）警告。有提醒注意、不致再犯的意思，属于申诫处分。它可以是口头的，也可以是书面的，由处分机关选择适用。警告一般适用于轻微的行政违法行为，是行政处分中最轻的一种。

（二）记过、记大过。这是两种程度有所区别的行政处分。一般来说，记过、记大过适用于国家工作人员的行为违反了行政法的规定，给国家和人民造成了一定的损失，给予警告处分过轻，给予降级处分过重的情况。

（三）降级。作为一种行政处分，降级的含义是降低公务员的职务级别。

（四）撤职。国家公务员的行政违法行为，给国家和人民利益造成重大损失，不适合继续担任行政职务的，可以给予撤职处分。受撤职处分的，同时降低级别和职务工资。

（五）开除。开除是指受处分人不适合继续在国家机关工作，国家机关取消其公务员资格令其离开的处分形式。开除是最严厉的一种处分，适用于公务员犯有违法行为，给国家和人民造成了极其严重的损失，丧失了国家公务员资格的情况。

（314）刑事处罚包括哪些类型？

我国刑法规定的刑罚有主刑和附加刑两类。其中主刑有以下五种：

（一）管制。期限为 3 个月以上 2 年以下，数罪并罚不得超过 3 年。

（二）拘役。期限为 1 个月以上 6 个月以下，数罪并罚不得超过 1 年。

（三）有期徒刑。期限为 6 个月以上 15 年以下，数罪并罚不得超过 20 年。

（四）无期徒刑。

（五）死刑。犯罪的时候不满 18 周岁的人和审判的时候怀孕的妇女不适用死刑。

附加刑有以下三种：

（一）罚金；

（二）剥夺政治权利；

（三）没收财产。

针对外国人，还有驱逐出境。

（315）纪律处分包括哪些类型？

根据《中国共产党纪律处分条例》规定，实施党纪处分有五种：警告、严重警告、撤销党内职务、留党察看和开除党籍。

警告，是指党组织和党的纪检机关对违纪党员提出告诫，指出其行为的危害性，促使其认识错误，引起警觉，防止再犯此类错误的一种党纪处分。它是最轻的一种党纪处分，适用于错误较轻，但必须给予党纪处分的违纪党员。

严重警告，是指党组织和党的纪检机关对违纪党员提出严重告诫，指出其行为的危害性，责令其认识错误，不得再犯此类错误的一种党纪处分。它是重于警告的一种党纪处分，适用于所犯错误比较严重的违纪党员。

撤销党内职务，是指撤销受处分党员的由党内选举或者组织任命担任的党组织及其工作部门的领导职务。这是重于严重警告的党纪处分，是党内的重处分之一。它适用于严重违犯党的纪律并且担任党内领导职务的党员。

留党察看，是指党组织和党的纪检机关对于那些严重违犯党的纪律，但尚未完全丧失共产党员条件的党员，在作出开除其党籍处分决定之前，给予一定的考察期限，敦促其彻底改正错误的一种党纪处分。这是党纪处分中仅低于开除党籍的一种重处分。它适用于严重违犯党的纪律，但尚未完全丧失共产党员条件的违纪党员。

开除党籍，是指党组织和党的纪检机关对严重违犯党的纪律，已丧失共产党员条件的党员，取消其党籍，将其开除出党的组织的一种党纪处分。这是党内的最高纪律处分。受到开除党籍处分的党员，其党内职务自然撤销，同时应当建议党外组织撤销其党外职务。

二、环境渎职行政处分

【案例 106】

2013 年以来，省纪检监察机关认真贯彻落实省委、省政府关于切实做好环境保护工作的决策部署，把查处环境保护违纪违法案件、强化行政问责作为重要抓手，促进各级政府和环境保护等职能部门履职尽责。截至2013年年底，省纪委监察厅共直查和派人督办环境保护案件40起，已结案39起，共行政问责201人，其中，纪律处分154人，其他方式问责47人；县处级干部25人，科级及以下干部176人。

多年来，某县、某市两地200多家违法小电镀生产企业无证照经营，无环保设施，严重污染环境。县政府、市政府及其环保部门虽多次打击、取缔，但态度不坚决、措施不得力，使违法屡禁不止，属于工作失职。对该县政府副县长韩某、某镇镇长赵某、某乡乡长周某和该市某镇镇长韩某进行诫勉谈话；给予该县环保局局长苏某行政记过处分，副局长翟某行政记大过处分并免职。对该市政府副市长韩某因参与经商办企业另案处理；给予该市环保局局长荣某行政记过处分，党组成员、主任科员齐某行政记大过处分并免职。其他责任人也分别被问责。

【解答与分析】

（316）行政处分的法律依据是什么？

《环境保护法》第六十八条规定，“地方各级人民政府、县级以上人民政府环境保护主管部门和其他负有环境保护监督管理职责的部门”有所列的渎职行为之一的，“对直接负责的主管人员和其他直接责任人员给予记过、记大过或者降级处分；造成严重后果的，给予撤职或者开除处分，其主要负责人应当引咎辞职”。

其中，记过、记大过、降级、撤职、开除是《公务员法》规定的处分方式，引咎辞职是专门针对领导成员的问责方式，是一种非常严厉的行政处分。当担任领导职务的成员因工作严重失误、失职造成重大损失或者恶劣社会影响的，或者对重大事故负有领导责任的，应当引咎辞去领导职务。

此外，行政处分的法律依据还有《行政监察法》《行政机关公务员处分条例》和地方的《环境保护行政问责办法》等。

（317）引咎辞职与免职有何区别？

一般而言，领导干部引咎辞职是指领导干部因能力不强、自身行为不当或因工作失误造成较大损失和影响，不足以构成违法犯罪追究刑事责任，也不宜继续担任领导职务，而向组织请求辞去所担任职务的一种自责行为。当法律规定了“引咎辞职”的处分类型时，它已经不再是一种自责行为，而是类似于“责令辞职”的一种行政处分方式。

免职则是免去干部所任职务，取消其工作职责及权力的决策行为，是由组织给予当事人的一种强制性的行为。当应当“引咎辞职”的当事人不“引咎辞职”时，组织应当给予免职的处分。

（318）开除、除名、辞退有何区别？

开除是指受处分人不适合继续在国家机关工作，国家机关取消其公务员资格令其离开的处分形式。开除是最严厉的一种处分，适用于公务员犯有违法行为，给国家和人民造成了极其严重的损失，丧失了国家公务员资格的情况。

开除也是非公务员管理的单位对犯错误职工作出的一种最严厉的行政处分形式。

除名不是对公务员的一种处分方式，而是由非公务员管理的用人单位提出与无正当理由旷工的职工终止劳动关系的一种行政处理方式。

辞退是对非公务员身份的人使用的一种处理方式，一般分为违纪辞退和正常辞退。违纪辞退一般是指用人单位对严重违反劳动纪律或犯有严重错误，但不够开除、除名条件，经教育或行政处分仍然无效的职工，决定解除其工作从而终止用人关系的制度。辞退不是行政处分，是一种行政处理。

三、环境渎职刑事处罚

【案例 107】

区环境保护局原副局长倪某、监察大队原大队长林某、工作人员郑某，在 2012 年 7 月至 2014 年 1 月环境监察执法过程中，严重不负责任，没有及时发现、制止某化工公司非法建设提炼铟的生产设施、车间内存放大量与正常生产范围无关的原辅材料、非法排放最高超标达 994 倍的铟萃余液等违法行为，造成自鱼塘溪流经的水体严重污染，经当地政府应急处置共花费 455 万余元，给国家利益造成重大损失。2014 年 3 月 23 日，区检察院以涉嫌环境监管失职罪对倪某、林某、郑某立案侦查。2015 年 2 月 16 日，区法院以环境监管失职罪判处倪某、林某、郑某有期徒刑 6 个月至 8 个月。

对于是否开除 3 人公职的问题，区环保局正在研究之中。

【解答与分析】

（319）被判处刑罚后一定会被开除公职吗？

首先要弄清楚被判处刑罚的人员是何种身份。

（一）被判处刑罚缓刑的人员是国家公务员的，应当开除公职，法律依据是《行政机关公务员处分条例》第十七条第二款。

（二）被判处刑罚缓刑的人员是参照公务员管理的单位工作人员的，应当开除公职，法律依据是《行政机关公务员处分条例》第十七条第二款和《事业单位工作人员处分暂行规定》第二条。

（三）被判处刑罚缓刑的人员是其他不属于参照公务员管理的事业单位的在编职工并签订了劳动合同的，应当适用《劳动法》，是否解除劳动合同（开除公职）由单位决定，劳动法只规定被依法追究刑事责任的用人单位可以解除劳动合同，而不是必须解除劳动合同。法律依据是《劳动法》第二十五条。

（四）免予刑事处罚、不起诉虽然都是触犯了《刑法》的规定，但是没有被判处刑罚而追究刑事责任，因此无论是国家公务员还是参照公务员管理的事业单位及其他事业单位的人员都不是必须开除公职的。

（320）被免予刑事处罚后还会受到行政处分吗？

免予刑事处罚意味着已经构成犯罪，但情节轻微，不予刑事处罚，一般在免予刑事处罚的同时都会做出行政处分的建议。

在现实中，大部分人员在被追究刑事责任之前或者之后，行政机关一般都给予了一定的行政处分，因此也就不存在再次给予行政处分的问题了。如果之前未作出处理，应当给予相应的行政处分。

（321）如何适用环境监管失职罪、滥用职权罪、玩忽职守罪等罪名？

最高人民法院、最高人民检察院《关于办理渎职刑事案件适用法律若干问题的解释（一）》第二条规定，国家机关工作人员实施滥用职权或者玩忽职守犯罪行为，触犯刑法分则第九章第三百九十八条至第四百一十九条规定的，依照该规定定罪处罚。

国家机关工作人员滥用职权或者玩忽职守，因不具备徇私舞弊等情形，不符合刑法分则第九章第三百九十八条至第四百一十九条的规定，但依法构成第三百九十七条规定的犯罪的，以滥用职权罪或者玩忽职守罪定罪处罚。

根据上述规定，如果环保部门工作人员出现渎职行为，不具备徇私舞弊等情形，则首先应当适用“环境监管失职罪”；如果不符合“环境监管失职罪”的规定，再以滥用职权罪或者玩忽职守罪定罪处罚。

四、环境渎职纪律处分

【案例 108】

2015 年 7 月 6 日通报，3 月 4 日发生的兰州市自来水异味事件，是一起因企业违规开闸泄水排沙导致的环境污染责任事件，肇事企业系青海省民和县金星水电开发有限公司，事件产生应急处置费用 94 万元，未造成人身和财产损害，未对生态环境造成长期影响。因日常履职不到位，甘肃省兰州市红古区政府、水务局、环保局、住建局，青海省民和县水利局、环保局等 8 人分别被处以党纪政纪处分，其中兰州市红古区水务局副局长被处以党内严重警告、行政撤职处分。（根据网络报道整理）

【解答与分析】

（322）环境保护“党政同责”是如何规定的？

“党政同责”，是指如果一个地方出现环境污染问题，既要追究政府官员责任，又追究党委领导责任。

2015 年 8 月中共中央办公厅、国务院办公厅印发《党政领导干部生态环境损害责任追究办法（试行）》（以下简称《办法》），首次突破了现行法律法规中对地方各级党委领导成员在这方面责任的规定缺失。地方发生环境污染和生态破坏事件，不仅政府主要领导成员要担责，党委和相关部门的领导都有可能被追究相应责任。

《办法》进一步体现了党中央和国务院在推进生态文明建设、留住“绿水青山”等方面的魄力与决心。《办法》中还有许多新提法、新规定，比如，互相扯皮不担当不作为造成严重后果要追责、责任人调离提拔或退休都将终身追责等。

（323）在党员违纪和行政违法案件中如何确定直接责任人？

直接责任人员包括直接负责的主管人员和其他直接责任人员。直接负责的主管人员，是在单位犯罪中起决定、批准、授意、纵容、指挥等作用的人，一般是单位的主管负责人，包括法定代表人。其他直接责任人员，是指在单位犯罪中具体实施犯罪并起较大作用的人员，既可以是单位的经营管理人员，也可以是单位的职工，包括聘任、雇用的人员。但应当注意的是，根据我国的刑事政策以及单位犯罪的特点，在单位犯罪中，对于受单位领导指派或奉命而参与实施了一定犯罪行为的人员，一般不宜作为直接责任人员对待。

（324）纪律处分与行政处分、刑事处罚是什么关系？

承担行政责任并不必然免除刑事责任。同样，承担了刑事责任，也不能代替承担行政责任。一个人的行为可能同时触犯这两类法规，故而可能同时承担两类责任。如，国家机关工作人员如果构成了犯罪，就既违反了《公务员法》，又触犯了《刑法》，处理时既要免除公职，又要依法追究刑事责任。

虽然目前我国大部分行政机关公务员同时也具有共产党员身份，但是在出现纪律问题时，党内处分一律不得替代行政处分，出现刑事案件的情况下也不能替代刑事处分。

所以由于党员的身份，党员出现刑事问题的时候，不但要受到党内处分，还要受到刑事处罚。因此，无论什么情况下，党内处分、行政处分都不可以代替刑事处罚。

第四节　环境渎职风险防范

一、环境渎职的风险来源

【案例 109】

无处不在的环境污染背后往往都隐藏着渎职犯罪的影子，但只有发生了重大环境污染事故，这些渎职者才会被曝光乃至法办。

广东省 2013 年 1 至 8 月共立案查处危害生态环境职务犯罪案件 381 件 440 人，超过 2010 年至 2012 年三年查处人数的总和；海南省查办的涉及破坏生态环境案件占同期查办职务犯罪案件总数的 32.1%，立案人数较去年同期上升一倍；江苏省检察机关仅 2013 年上半年就对破坏环境资源保护犯罪的 135 人提起公诉。

针对查办危害环境渎职犯罪案件的“四难一大”问题，最高检要求各级检察机关深入研究犯罪特点，拓宽案源渠道，充分发挥侦查一体化优势，狠抓案件查办质量。同时，结合办案中发现的问题，积极向有关行政执法部门提出预防建议和措施，督促有关部门建章立制，堵塞漏洞。

而“行政执法与刑事司法”衔接也被检察机关予以重点关注。最高检法律政策研究室副主任韩耀元在接受采访时就表示，针对环境污染犯罪，最高检要求各级检察机关通过走访公安机关、环境执法机关、查询“两法衔接”信息平台、关注新闻媒体相关报道、受理群众举报等方式，注意发现有案不移、有案不立、以罚代刑、放纵犯罪背后的职务犯罪线索，对涉嫌徇私舞弊不移交刑事案件罪、环境监管失职罪、玩忽职守罪、滥用职权罪等职务犯罪要及时立案查处，加大对相关职务犯罪的打击力度。（根据《人民日报》文章整理）

【解答与分析】

（325）环境渎职风险的第一来源是什么？

新闻媒体报道是环保工作人员被追究环境渎职责任的第一来源。持续存在的环境污染行为，如果被新闻媒体“挖掘”出来并报道，进而在公众中传播，司法机关会将新闻报道作为线索，追究环保部门工作人员的责任。

《环境保护法》第九条第三款规定：“新闻媒体应当开展环境保护法律法规和环境保护知识的宣传，对环境违法行为进行舆论监督。”根据上述规定，对环境违法行为进行报道，是媒体的社会责任。

（326）环境渎职风险的第二来源是什么？

突发环境事件是环保工作人员被追究环境渎职责任的第二来源。突发的环境事件和其他各类突发事件，如果造成人员伤亡和财产损失，会引起司法机关关注，如果环保部门存在渎职行为，就会被追究责任。

当前，环境安全面临严峻威胁和挑战，突发环境事件随时可能发生。原因是：行业企业结构性、布局性环境风险比较突出；我国生态系统脆弱，环境容量有限，导致长期积累的环境问题破坏性释放；由生产安全事故和交通事故引发的环境事件分别占比很大，是次生突发环境事件的主要原因；企业违法排污和非法转移倾倒危险固体废物引发的突发环境事件也越来越突出。环境渎职随时有“拔出萝卜带出泥”的可能。

（327）环境渎职风险的其他原因和根本原因是什么？

环保部门工作人员被追究刑事责任的其他原因还有：

（一）专业人士举报。专业人士具有识别环境违法行为的专业知识，也知道举报途径和方法。司法机关接到他们材料翔实、证据充分的举报后，就会根据举报线索查处这些环境违法案件。

（二）其他案件牵连。司法机关在办理其他案件的过程中，如果发现环保部门工作人员存在渎职行为，并且达到了犯罪标准，也会追究有关人员的刑事责任。

环保部门工作人员被追究刑事责任的根本原因是，环保部门工作人员确实存在不履行或不正确履行职责的行为。如果杜绝了这种行为，环保部门被追究渎职责任的可能性就基本不存在了。

二、对环境风险的正确认识

【案例 110】

我在县环保局当了近 10 年局长，是一个环保战线老兵，说到这个，还是很忐忑，良心不安。我常自嘲是公关局长、作秀局长。刚工作时，我曾立志为全县群众守住蓝天清水，现在回头看，深感愧疚。

县领导交给环保局最重要的工作是招商和公关。招商就是引进环保企业，尤其是有雄厚资金实力的环保企业，如果能够引进大型环保公司，不仅会在政绩考核时对环保局表彰评优，还会对个人有重奖。而公关的内容就丰富了：一是帮县里重要的项目和企业跑环评；二是应付上级环保机构的检查行动，应付上级领导、知名专家的调研活动；三是在县里引进重要企业项目时给承诺，在有检查时帮他们通风报信，想办法将企业排污“合法化”，为企业生产保驾护航；四是与各类新闻媒体搞好关系，多写正面文章，不要有负面报道。至于其他环保问题，县主要领导曾多次强调，不能影响了县里 GDP，县领导交给环保局最重要的工作是招商和公关。去年从外县调来了一位主要领导，上班第一天就私下找我谈话：从某个角度讲，你的政绩和我的政绩是冲突的，你若是敢影响我的政绩，我必……当然，兄弟你委屈几年，我必有厚报。

有时觉得自己的工作就像一个秀场，当了多年局长，业务水平没提高，公关技巧炉火纯青，演技也逐渐出类拔萃，人格也有重度分裂趋势：明面上主持会议，接受采访，高喊向污染宣战；背地里却按领导要求为企业出主意、跑关系，对领导交代关照企业的违法排污行为睁一只眼闭一只眼。明面上在上级检查调研时介绍已取得的环保成绩，展示环保决心；背地里却在调研时弄虚作假，为被查企业提前通风报信。

有时觉得上级领导专家也挺可怜，他们看到的一切、听到的一切都是假象，当然也许他们其实是知道的，且精通此道。最终悲哀的还是中国环保，当假象变成资料、数据汇集到高层，并以此为依据形成的政策、方案，毫无效果。甚至很多领导专家至今都不知道基层环保实际状况，却自认为一切掌握在手中。

作为一个环保工作者，我惭愧，我对不起全县人民，可是我无奈。我也曾尝试用自己的方式悔过，对一些实在看不过眼的违法排污行为，我给市长信箱写过举报信，可来找我了解情况的却是县里主管领导和被举报企业，甚至主管领导让我帮企业查查是谁写的信。

我常对下属说，新《环境保护法》赋予了我们更大的权力，让我们的腰杆挺了起来。可我心里清楚，我们无法掌控这些权力，因为环保局的职能需要服务于地方政府，需要对地方政府负责，权力怎么用都要听县领导的。（摘自《一封基层环保局长的匿名信》）

【解答与分析】

(328)为什么负责环保工作的部门容易被追责?

一是因为环保工作关系到每个人，世界上没有其他任何一项工作像环保工作一样，使在地球上生活的任何人都摆脱不了它的影响。

二是环保工作涉及个人经济利益如此之重，它影响人的生活成本，影响人的生活质量，影响人们的健康生命，人们不得不关注它。

三是环保工作是一种显性工作，人们通过视觉、嗅觉、身体状况、精神状态能够感知，不需要像了解其他工作一样需要大量数据。

(329)为什么说重视社会公众反映非常重要?

有些社会公众认为，造成环境污染的主要原因是环保机关监管失职。这种认识可能过于片面，但这反映出社会公众对环保机关的认识和情绪。石家庄市民李贵欣起诉某环保局雾霾损害赔偿案，就代表了公众的这种典型情绪。纪检、监察、司法机关在办理环境渎职案件时，除了依法履行职务的因素外，还带着“为公众维权”的“正义心”和“为自己维权”的“自私心”。因为每一个人都离不开清洁的水和空气，环境污染的存在，使全社会的每个人都在劫难逃。所以，环保机关工作人员在对污染企业进行环境监管的同时，要时刻注意身后还有一支反渎职队伍在关注自己的行为。受到环境污染的社会公众，更是在找机会向他们认为造成污染的责任者追责。

(330)为什么说明确自身责任是避免风险的常规措施?

多数行政机关工作人员并不是故意不履行自己的职责，而是根本就不知道自己的职责是什么。如果连自己的职责是什么都不知道，就谈不上正确履行职责。这样，当自己监管或者与自己的行政行为有关的企业发生污染事故时，可能就被追究渎职法律责任。所以，各级环保部门应当从保护本部门工作人员的目的出发，明确每个岗位的职责，使每一名工作人员都明白自己的职责范围，明白什么是渎职行为，明白什么情况下可能被追究法律责任。这也应当成为环保部门保护自己工作人员免予渎职的常规措施。

三、环境渎职的事先防范

【案例 111】

区环保局监督股原股长陈某因玩忽职守，导致发生河流被污染的重大事故，被该区人民法院一审以玩忽职守罪判处有期徒刑 2 年，缓刑 3 年。

法院经审理查明，2012 年 3 月 20 日，市环保局和区环保局对某矿业有限公司建设项目施工进行环保验收。验收环节中，区环保局监督股原股长陈某未对该公司的废水处理系统作全面检查，没有及时发现该公司私设偷排暗管等情况，给该公司违法偷排埋下了安全隐患，导致江河于 2012 年 11 月和 2013 年 1 月两次重大环境污染事故的发生。因污水应急监测、治理造成经济损失共计人民币 404 339 元。

区法院一审判决认为，被告人陈某担任区环保局监督股股长期间，未能认真履行工作职责，导致发生重大污染事故，致使国家遭受了 404 339 元的重大经济损失，其行为已构成玩忽职守罪。鉴于其能如实供述司法机关尚未掌握其犯罪的事实，属自首，可以从轻处罚。据此，依法作出了上述一审判决。

【解答与分析】

（331）为什么说严格执行规范是防范风险的前提？

对于不符合条件的行政许可项目，坚决不要审批；发现排污单位存在环境违法问题，要坚决依照法律法规进行处罚；发现涉嫌环境犯罪的行为，要及时查处和移送。无论是日常的环境现场检查还是对环评报告的审批，无论是排污许可证的办理还是环保专项资金的使用，都要严格按照规定和程序开展工作，并做好日常记录，保留好有关的文字、图片、视频资料，以便在有关部门问责时有据可查。只要严格按照工作规范实施行政行为，基本就可以避免环境犯罪的发生。

(332)如何处理领导和上级部门的错误行政要求?

应对领导和上级部门的错误行政要求，要注意以下几点:

(一)明白法律后果

一旦被有关部门追究渎职责任，没有领导愿意替你承担责任。

(二)晓之利害关系

耐心向领导讲解法律规定和可能承担的法律责任。

(三)坚决予以拒绝

对于可能承担责任的事情，要坚决拒绝。对于单位之间的事情，可以采用行政公文的形式。

(333)熟悉立案标准对于环境渎职风险防范有什么作用?

"两高"《关于办理渎职刑事案件适用法律若干问题的解释(一)》第一条规定了滥用职权罪和玩忽职守罪的犯罪标准，"两高"《关于办理环境污染刑事案件适用法律若干问题的解释》第一条第(六)项至第(十三)项规定了环境监管失职罪的犯罪标准。"两高"《关于办理渎职刑事案件适用法律若干问题的解释(一)》第二条第二款规定:国家机关工作人员滥用职权或者玩忽职守，因不具备徇私舞弊等情形，不符合刑法分则第九章第三百九十八条至第四百一十九条的规定，但依法构成第三百九十七条规定的犯罪的，以滥用职权罪或者玩忽职守罪定罪处罚。依此规定，行为人的行为如果符合"两高"环境污染犯罪司法解释第(一)项至第(五)项的情形，同样会被以玩忽职守罪追究刑事责任。熟悉环境犯罪的条款，对于自己不踩环境犯罪的"地雷"非常重要。

四、被追责后的注意事项

【案例 112】

2015 年 9 月 1 日，正值“中国人民抗日战争暨世界反法西斯战争胜利 70 周年”纪念活动期间，县城一户居民因家人结婚，燃放了许多鞭炮，造成该地空气中颗粒物的瞬时浓度达到 260 以上。

省长假期办公期间，从省空气质量自动发布系统看到该情况后，感到非常生气，当即拿起电话责问该市市长事情原因。市长非常担心在纪念活动这一重要时期出现污染问题，当即拨通电话，对该县书记和县长厉声责斥。

省、市、县三级政府及纪检部分对此非常重视，立即组成调查组，调查有关职能部门是否存在渎职行为。根据县委、县政府《关于进一步完善环境保护网格化管理的实施意见》、县政府《关于印发重污染天气应急预案（暂行）的通知》、县政府办公室《关于印发〈县大气质量控制区环境整治网格化管理方案〉的通知》对各政府部门、行业的职责分工，对燃放鞭炮的监管工作应当由当地公安部门负责。但调查组仍然拟追究环保部门的责任。

县环保局聘请河北马倍战律师事务所对本案出具了法律意见书。

【解答与分析】

（334）被纪检、监察、司法机关询问时要注意哪些事项？

环保部门工作人员在被有关部门讯问时，应当注意以下几个方面的问题：

（一）注意签收法律文件的时间

个别工作人员会在自己延误办案时间后，要求当事人把日期签写成符合他们要求的日期。这时，当事人应当断然拒绝，因为当事人没有义务以掩盖工作人员违法行为的方式让他们对自己治罪。

（二）不能落入事先设计的圈套

个别工作人员可能会采取诱哄和许诺的方式开展询问。比如，他们会说：

“事情没什么大不了的，说清了马上让你回去”，“写一个认罪书就对你免予处罚”。这时，你一旦照他们说的去做，就会落入他们设计的圈套，将来会有口难辩。

（三）笔录核对无误后才能签字

有的讯问人员事先写好“讯问（询问）笔录”，然后让当事人签字，这时当事人应当断然拒绝。在被讯问时，记录人员记下的必须是自己所说。如果不是，一定要改正之后才能签字。当事人一旦签字，无论是不是自己所说，将来都难以推翻。

（335）被给予纪律处分、行政处分后有何权利救济途径？

如果党政干部受到党纪问责，并对问责决定不服的，被问责人可以根据《中国共产党章程》《党政领导干部选拔任用工作条例》以及中央纪委、中央组织部《关于实行党政领导干部问责的暂行规定》等党内法规的规定，自接到《党政领导干部问责决定书》之日起 15 日内，向问责决定机关提出书面申诉。

如果环保部门工作人员受到行政处分，受处分人可以根据《行政监察法》《公务员法》等国家法律法规，向同级公务员主管部门或者作出该人事处理的机关及其上级机关提出复核、申诉、再申诉。上一级机关认为下一级机关的处理决定不适当的，可以责成下一级机关予以变更或者撤销，必要时也可以直接作出变更或者撤销的决定。

（336）环境律师在办理渎职案件中的优势是什么？

环境法是法学和环境工程的交叉学科，其中有很多专业术语，专业性和技术性都很强，一般的律师很难理解和掌握，更谈不上运用到环境刑事法律案件中去。环境渎职案件涉及的环境专业方面的问题较多，需要专业的环境方面的律师来解决。环境律师不仅具有专业的法律知识，并且对于环境方面的各种法律法规有特别深入的研究，更能找到案件的关键点，能把复杂的环保问题与环保方面的法律相互结合，从而为案件的解决起到至关重要的作用。河北马倍战律师事务所在处理环境渎职案件的过程中积累了大量的实战经验，能够充分运用专业知识和法律技能，维护好委托人的合法权益。

每个环保部门都遇到过这些难以解决的问题：

如何解决生产单位普遍没有排污许可证的问题？

主管领导交给违法工作任务时如何处理？

公安机关不接受环保部门移送的案件如何处理？

如何应对日益汹涌且看上去缺乏依据的追责问责？

新《环境保护法》实行后又遇到了新问题：

是否可以继续责令企业补办环评？

新旧环保法规定不一致时如何适用法律？

新法施行前的行政决定是否应当申请法院强制执行？

没有环保手续排放污染物是否适用行政拘留？

本书对上述新老问题都一一作了解答。